CAMBRIDGE LIBRARY COLLECTION

Books of enduring scholarly value

Archaeology

The discovery of material remains from the recent or the ancient past has always been a source of fascination, but the development of archaeology as an academic discipline which interpreted such finds is relatively recent. It was the work of Winckelmann at Pompeii in the 1760s which first revealed the potential of systematic excavation to scholars and the wider public. Pioneering figures of the nineteenth century such as Schliemann, Layard and Petrie transformed archaeology from a search for ancient artifacts, by means as crude as using gunpowder to break into a tomb, to a science which drew from a wide range of disciplines - ancient languages and literature, geology, chemistry, social history - to increase our understanding of human life and society in the remote past.

Bericht Uber die Ausgrabungen in Troja im Jahre 1890

Heinrich Schliemann (1822–90) was a businessman and self-taught archaeologist who is best known for discovering the site of the ancient city of Troy. This short book, published posthumously in 1891, begins with a vigorous polemic in which Schliemann defends himself and Wilhelm Dörpfeld against allegations by Ernst Boetticher, who persistently claimed they had falsified the evidence from Hissarlik and that 'Troy' was in fact a cremation site with ovens, rather than a settlement. The book goes on to describe the pottery of different periods exposed by a river cutting through the site. Schliemann then describes a newly excavated area that had not been razed by the Romans prior to rebuilding and gives detailed accounts of pottery, artefacts and defensive works found there, and the texts of a number of inscriptions. A final section by Dörpfeld, completed two days before Schliemann's untimely death, describes the buildings in more detail.

Cambridge University Press has long been a pioneer in the reissuing of out-of-print titles from its own backlist, producing digital reprints of books that are still sought after by scholars and students but could not be reprinted economically using traditional technology. The Cambridge Library Collection extends this activity to a wider range of books which are still of importance to researchers and professionals, either for the source material they contain, or as landmarks in the history of their academic discipline.

Drawing from the world-renowned collections in the Cambridge University Library, and guided by the advice of experts in each subject area, Cambridge University Press is using state-of-the-art scanning machines in its own Printing House to capture the content of each book selected for inclusion. The files are processed to give a consistently clear, crisp image, and the books finished to the high quality standard for which the Press is recognised around the world. The latest print-on-demand technology ensures that the books will remain available indefinitely, and that orders for single or multiple copies can quickly be supplied.

The Cambridge Library Collection will bring back to life books of enduring scholarly value (including out-of-copyright works originally issued by other publishers) across a wide range of disciplines in the humanities and social sciences and in science and technology.

Bericht Uber die Ausgrabungen in Troja im Jahre 1890

HEINRICH SCHLIEMANN

CAMBRIDGE UNIVERSITY PRESS

Cambridge, New York, Melbourne, Madrid, Cape Town, Singapore,
São Paolo, Delhi, Dubai, Tokyo

Published in the United States of America by Cambridge University Press, New York

www.cambridge.org
Information on this title: www.cambridge.org/9781108017190

© in this compilation Cambridge University Press 2010

This edition first published 1891
This digitally printed version 2010

ISBN 978-1-108-01719-0 Paperback

BERICHT

ÜBER DIE

AUSGRABUNGEN IN TROJA

IM JAHRE 1890.

Von

Dr. HEINRICH SCHLIEMANN.

MIT EINEM VORWORT VON SOPHIE SCHLIEMANN
UND BEITRÄGEN VON Dr. WILHELM DÖRPFELD.

MIT 1 PLAN, 2 TAFELN UND 4 ABBILDUNGEN.

LEIPZIG:
F. A. BROCKHAUS.

1891.

VORWORT.

———

Am 1. März d. J. wollte mein geliebter Mann die unterbrochenen Arbeiten in Troja wieder aufnehmen, um die nun bereits vor zwei Jahrzehnten begonnenen Ausgrabungen zum Abschluss zu bringen.

Gott hat es anders gewollt!

Mitten aus seiner rastlosen Thätigkeit und seinen Plänen heraus sollte er plötzlich hinweggerissen werden, ehe er noch die Befriedigung gehabt, den letzten Spatenstich zu dem grossen Werke zu thun, dessen Verwirklichung sein Jugendtraum gewesen war.

Nunmehr betrachte ich es künftig als ein heiliges Vermächtniss, die Ausgrabungen auf Hissarlik im Sinne meines Mannes zum Abschluss zu bringen. Ebenso schien es mir angemessen, den vorliegenden Bericht über die Ausgrabungen des Jahres 1890 in Troja, dessen Druck noch bei Lebzeiten meines geliebten Mannes begonnen wurde, in der von ihm beabsichtigten Form der Oeffentlichkeit zu übergeben.

Athen, 26. Januar 1891.

Sophie Schliemann.

Ich glaubte durch meine im Jahre 1882 gemachten Ausgrabungen in Troja, worüber ich in meinem Werke „Troja" (Leipzig 1884) berichtete, die Arbeiten daselbst vorläufig abgeschlossen zu haben und beabsichtigte zunächst Kreta zu erforschen, wo ich den Ursprung der mykenischen Cultur zu entdecken hoffte. Wegen mancherlei Hinderungen, besonders schliesslich wegen der in Kreta ausgebrochenen Unruhen, konnte ich aber dort nicht arbeiten. Ich entschloss mich daher, die Ausgrabungen in Troja fortzusetzen, zumal da nicht nur ich selbst, sondern auch mein Mitarbeiter Dr. W. Dörpfeld, erster Secretar des Kaiserlich Deutschen Archäologischen Instituts in Athen, seit mehr als sechs Jahren unaufhörlich vom Hauptmann a. D. Ernst Boetticher angegriffen worden waren, der in vielen Flugschriften, sowie in einem besondern Buche: „La Troie de Schliemann une nécropole à incinération", behauptete, Hissarlik sei nichts weiter als eine Feuernekropole, und uns anschuldigte, die Quermauern der Oefen zur Leichenverbrennung absichtlich weggebrochen und somit die Pläne gefälscht zu haben.

Unter freundlicher Vermittelung des für Homer begeisterten Kaiserlich Deutschen Botschafters Herrn von Radowitz in Konstantinopel wurde mir im October 1889 von der türkischen Regierung der nöthige Ferman zur weitern Erforschung von Troja ertheilt; der Generaldirector des Kaiserlichen Museums in Konstantinopel, Hamdy Bey, bestellte einen Beamten dieses Instituts, Ghalib Bey, als Aufseher. Ich liess nun in der Eile an der Südseite der Pergamos einige hölzerne, mit Theerpappe überzogene Häuschen errichten, sodass bereits am 1. November die Ausgrabungen wieder aufgenommen werden konnten. Gleichzeitig bat ich die Akademie der Wissenschaften in Wien, einen Delegirten zu einer Ende November abzuhaltenden Conferenz zu schicken. Dieselbe sandte den berühmten Alterthumsforscher, Professor an der Akademie der bildenden Künste, George Niemann. Aus Deutschland kam der durch seine Karten von Mykenae vielbekannnte Major Steffen. Auf meine wiederholte Aufforderung erschien zur Conferenz endlich auch Hauptmann E. Boetticher, dem ich die Reisekosten mit 1000 Mark hatte auszahlen lassen.

Das Resultat der Conferenz, welche vom 1. bis 6. December dauerte und worüber ein Protokoll aufgenommen wurde (vgl. „Hissarlik-Ilion, Protokoll der Verhandlungen zwischen Dr. Schliemann und Hauptmann Boetticher 1.—6. December 1889. Als Handschrift gedruckt"), war, dass Hauptmann Boetticher einräumte, die von ihm behauptete Fälschung der Ausgrabungsergebnisse sei durchaus unbegründet, unsere Darstellung des fraglichen Sachverhaltes vielmehr in allen Punkten richtig.

Am Schlusse des Protokolls gaben Dr. W. Dörpfeld und ich folgende Erklärung ab:

„In Anbetracht, dass Hauptmann a. D. Boetticher in seinem Buche « La Troie de Schliemann », sowie in zahlreichen Flugschriften und Aufsätzen uns wiederholt der Fälschung von Ausgrabungsergebnissen beschuldigt hat, — in Anbetracht, dass diese Anschuldigungen nach dem Urtheile unparteiischer Sachverständiger in keinem Punkte als begründet erwiesen wurden, unsere Darstellung des fraglichen Sachverhaltes vielmehr in allen Theilen als richtig anerkannt worden ist, was

von Hauptmann a. D. Boetticher auch eingeräumt wurde, —
in Anbetracht ferner, dass Hauptmann a. D. Boetticher, nachdem ihm in zuvorkommendster Weise unsererseits die Möglichkeit gewährt worden ist, sich persönlich an Ort und Stelle von
dem Sachverhalte und der Grundlosigkeit seiner Anschuldigungen
zu überzeugen, unterlassen hat, uns die geforderte Genugthuung
zu geben — haben wir von Hauptmann a. D. Boetticher ver-
langt, dass er die Beschuldigungen öffentlich zurücknehme und
um Verzeihung bitte.

„Hauptmann a. D. Boetticher lehnte dieses mit dem Be-
merken ab, dass er ausser Stande sei, eine andere als die mit
Bezug hierauf schon zu Protokoll gegebene Erklärung[1] abzu-
geben. Darauf theilte ich ihm mit, dass nunmehr jeglicher
Verkehr zwischen ihm und uns abgebrochen sei.“

Nach ihrer Abreise von Troja veröffentlichten die Herren
Professor Niemann und Major Steffen folgende Erklärung:

---

[1] Der Wortlaut dieser Erklärung des Hauptmanns a. D. Boetticher
ist: „Meine in dem Buche «La Troie» ausgesprochene Auffassung,
als habe Dr. Dörpfeld bei der Fortnahme von Mauern künstlich Bil-
der geschaffen, welche den thatsächlichen Verhältnissen widersprechen,
ist auf die Thatsache zurückzuführen, dass ich bei langjährigem ver-
gleichenden Studium von Text, Plänen und Abbildungen der Bücher
«Ilios» und «Troja» einander widersprechende Darstellungen gefunden
habe mit Bezug auf den Befund der Ruinen zu Hissarlik. Die in
dieser Auffassung liegende Beschuldigung des Dr. Dörpfeld habe ich
bona fide im Interesse der Aufhellung einer wissenschaftlichen Contro-
verse erhoben und kann darum nicht zugeben, dass darin eine Ver-
leumdung gelegen habe. Ich bedauere, dass Dr. Dörpfeld sie als
solche empfunden hat, während es mir nur darauf ankam, der Wissenschaft zu nützen und nicht etwa Dr. Dörpfeld zu schaden. Obwol
ich noch jetzt glaube, dass Dr. Dörpfeld in einem und dem andern
Punkte sachlich irrt, so liegt es mir doch völlig fern, demselben
mala fides vorzuwerfen.“

1*

„Zu Anfang December fand auf der Ruinenstätte von Hissarlik (Ilion) eine Zusammenkunft statt zwischen den Herren
Dr. Schliemann und Dr. Dörpfeld einerseits und dem Hauptmann a. D. Boetticher anderseits. Der letztere hat bekanntlich
in seinem Buche: «La Troie de Schliemann une nécropole à
incinération», sowie in Aufsätzen und Flugschriften die Ruinen
zu Hissarlik als eine «prähistorische Feuer-Nekropole» zu erklären
versucht und dabei gegen Dr. Schliemann und Dr. Dörpfeld die
Beschuldigung erhoben: durch Verbergung von Thatsachen, beziehungsweise Zerstörung von Bauwerken, absichtlich die Ergebnisse der Ausgrabungen entstellt zu haben. Als unparteiische
Zeugen waren die Unterzeichneten erschienen. Bei Untersuchung
der von Dr. Schliemann aufgedeckten Bauanlagen erwiesen sich
die von Hauptmann a. D. Boetticher erhobenen Beschuldigungen als durchaus unbegründet, und es wurde von
den Unterzeichneten die Uebereinstimmung der in den Werken
«Ilios» und «Troja» von Dr. Schliemann und Dr. Dörpfeld
gegebenen Darstellung mit dem wirklichen Sachverhalt anerkannt. Hauptmann a. D. Boetticher hat diese Uebereinstimmung
in mehrern wichtigen Punkten eingeräumt und die Beschuldigung der Entstellung der Ausgrabungsergebnisse
zurückgenommen. Auf Grund der vom 1.—6. December
angestellten Untersuchungen, über welche ein Protokoll geführt
wurde, erklären die Unterzeichneten, dass sie in den zu Hissarlik
aufgedeckten Ruinen nicht eine «Feuer-Nekropole» er-
blicken, sondern Wohnstätten, beziehungsweise Tempel und Be-
festigungsanlagen.

Konstantinopel, 10. December 1889.

George Niemann,   Steffen,
Architekt, Professor an der Akademie   Major und Abtheilungs-Commandeur
der bildenden Künste in Wien.   im Hessischen Feldartillerie-Regiment
Nr. 11.“

Die Ausgrabungen mussten des Winters wegen Mitte December unterbrochen werden, jedoch konnte ich dieselben bereits am 1. März wieder fortsetzen, und zwar unter Benutzung von zwei Eisenbahnen, welche mir die Fortschaffung des Schuttes sehr erleichterten und mir gestatteten, die Ausgrabungen auf sehr entfernte Punkte auszudehnen, die mit den gewöhnlichen Mitteln unerreichbar gewesen sein würden. Von Anfang Mai ab habe ich sogar mit drei Eisenbahnen arbeiten können.

Da Hauptmann a. D. Boetticher fortfuhr, unsere Arbeiten in den Zeitungen anzugreifen und die Pergamos als eine Feuernekropole darzustellen, so sah ich mich veranlasst, für Ende März zu einer zweiten grösseren, internationalen Conferenz Einladungen ergehen zu lassen. In der Eile wurden noch mehr Häuschen gebaut, um 14 Fremde bequem unterbringen zu können. Sie wurden rechtzeitig fertig und so gut es in der Wildniss gehen wollte eingerichtet. Von Deutschland erschienen vier Gelehrte, nämlich der Geheimrath Professor Dr. Rudolf Virchow aus Berlin, der Geheime Sanitätsrath Dr. W. Grempler aus Breslau, der Professor der Archäologie Dr. F. von Duhn aus Heidelberg und Dr. Karl Humann, Director an den Königlichen Museen in Berlin; von Konstantinopel der Generaldirector des Kaiserlichen Museums O. Hamdy, von den Dardanellen der amerikanische Consul Frank Calvert, dem die Hälfte von Hissarlik gehört und der durch seine Ausgrabungen in der Troas bekannt ist; von der Smithsonian Institution in Washington der Director der American school of classical studies in Athen Dr. Charles Waldstein. Endlich wurde von der Académie des Inscriptions et Belles Lettres zu Paris der Ingenieur C. Babin, welcher durch seine langjährigen Ausgrabungen mit M. Dieulafoy in Susa berühmt ist, zu unserm trojanischen Congress delegirt.

Nachdem diese Herren den Ausgrabungen beigewohnt und die Trümmer untersucht hatten, stellten sie nachstehendes Protokoll fest:

„Conferenz in Hissarlik, März 1890.

„Die Unterzeichneten, von den Herren Dr. H. Schliemann
und Dr. W. Dörpfeld zur Besichtigung der Ausgrabungen von
Hissarlik eingeladen, haben während mehrerer Tage die Ruinen
einer sorgfältigen Untersuchung unterzogen, nachdem sie sich
vorher mit den Schriften des Herrn Hauptmann Boetticher
über die Bestimmung der aufgedeckten Bauwerke und ins-
besondere mit dem Buche «La Troie de Schliemann une nécropole à incinération» bekannt gemacht hatten. Die Ergebnisse
dieser Untersuchung sind in den folgenden Sätzen niedergelegt:

1) Die Ruinen von Hissarlik liegen auf der äussersten Spitze
eines von Osten nach Westen streichenden Höhenzuges, der
sich in die Skamanderebene vorschiebt. Dieser Punkt, von dem
man die Ebene und jenseits derselben die Einfahrt in den
Hellespont übersieht, erscheint vollkommen geeignet zur Anlage eines befestigten Platzes.

2) Man sieht dort Mauern, Thürme und Thore, welche Be-
festigungswerke aus verschiedenen Epochen darstellen.

3) Die im Buche «Troja», Plan VII und in «Ilios» (Fran-
zösische Ausgabe) Plan VII mit rother Farbe bezeichnete Umfassungsmauer der zweiten Ansiedelung besteht aus einem Unterbau von Kalksteinen, der meist mit Böschung angelegt ist;
darüber erhebt sich eine senkrechte Mauer aus ungebrannten
Ziegeln. An einigen Stellen der Umfassungsmauer ist sogar
noch der Verputz auf diesem Lehmziegelbau erhalten. Kürzlich
hat man drei Thürme dieser Mauer aufgedeckt, die noch den
Oberbau in Lehmziegeln tragen; dieselben liegen im Osten an
einer Stelle, wo der Steinunterbau die geringste Höhe hat und
es folglich am wenigsten nöthig war, die Mauer durch Strebepfeiler zu verstärken.

4) Ein Querschnitt durch dieselbe Mauer, in der Verlänge-
rung des Grabens XZ ausgeführt, bewies das Nichtvorhanden-

sein von «Corridoren», deren Existenz man behauptet hatte.
Was die Ziegelmauern anbelangt, so ist das einzige Beispiel,
das für die Annahme von Corridoren in den Mauern angerufen
werden könnte, dasjenige an den dicht nebeneinander liegenden
Mauern der Gebäude A und B. Aber hier gehören die beiden
Mauern zu zwei verschiedenen Gebäuden.

5) Der Hügel von Hissarlik hat niemals einen Terrassen-
Aufbau dargestellt, bei dem sich die einzelnen Absätze nach
oben hin verkleinern, sondern es nimmt im Gegentheil jede
höhere Bauschicht einen grössern Raum ein, als die unmittelbar
darunter liegende.

6) Die Untersuchung der einzelnen Schuttschichten hat
zu folgenden Beobachtungen geführt: In der untersten Schicht
sieht man nur einige fast parallele Mauern und findet darin
nichts, was auf die Verbrennung von Leichen schliessen
liesse. Die zweite Schicht, die am meisten Interesse bietet, enthält Ruinen von Bauwerken, deren grösste den Palästen
von Tiryns und Mykenae in jeder Beziehung gleichen. Die
unmittelbar darauf folgenden Schichten bestehen aus Woh-
nungen, die in verschiedenen Zeiträumen über einander gebaut
wurden; eine grosse Anzahl von ihnen enthielt umfangreiche
Krüge (Pithoi). In der obersten Schicht endlich sieht man die
Fundamente griechisch-römischer Gebäude und zahlreiche Bau-
glieder dieser Zeit.

7) Die zahlreichen Pithoi, die wir in der dritten Schicht
haben hervorkommen sehen, waren noch in ihrer ursprünglichen
aufrechten Stellung, bald einzeln, bald in Gruppen. Mehrere
enthielten grössere Mengen von mehr oder minder verkohltem
Weizen, Erbsen oder Oelsamen, aber niemals menschliche
Gebeine, weder gebrannte noch ungebrannte. Die Wände
dieser Pithoi tragen keinerlei Merkmale einer aussergewöhn-
lichen Feuereinwirkung.

8) Im allgemeinen erklären wir, in keinem Theile der

Ruinen irgendwelche Anzeichen gefunden zu haben, die auf Leichenverbrennung schliessen lassen. Die Feuerspuren, die man in den verschiedenen Schichten, am stärksten aber in der zweiten, der «verbrannten Stadt» findet, rühren meistens von Feuersbrünsten her. Die Gewalt des Brandes in der zweiten Schicht war so gross, dass die rohen Lehmziegel zum Theil gebacken und an den Aussenflächen selbst verglast sind.

Auch wollen wir schliesslich noch bezeugen, dass die in den Werken «Ilios» und «Troja» enthaltenen Pläne vollständig dem Thatbestande entsprechen, und dass wir ganz und gar die Ansichten der Herren Niemann und Steffen theilen, wie dieselben in dem Protokoll der Conferenz vom 1.—6. December 1889 wiedergegeben sind.

Hissarlik, den 30. März 1890.

C. Babin, Ingenieur, Delegirter der Académie des Inscriptions et Belles Lettres in Paris.

Frank Calvert, Consularagent der Vereinigten Staaten von Amerika.

Dr. F. von Duhn, Professor der klassischen Archäologie an der Universität in Heidelberg.

Dr. W. Grempler, Geheimer Sanitätsrath, Vorsitzender des Vereins für Schlesische Alterthümer in Breslau.

O. Hamdy, Generaldirector des Kaiserlichen Museums in Konstantinopel.

Dr. Karl Humann, Director an den Königlichen Museen in Berlin.

Professor Rud. Virchow, Mitglied der Königlichen Akademie der Wissenschaften in Berlin, correspondirendes Mitglied des Institut de France in Paris.

Dr. Charles Waldstein, Director des amerikanischen Archäologischen Instituts in Athen, Delegirter der Smithsonian Institution in Washington."

Das Urtheil der zehn Archäologen und Gelehrten ersten Ranges, welche an den beiden Conferenzen in Troja theilgenommen und die Protokolle unterschrieben haben, wird hoffentlich hinreichen, jedem nicht Voreingenommenen die Gewissheit zu geben, dass wir es in Hissarlik mit einem befestigten Platze zu thun haben, der Jahrtausende lang bewohnt gewesen ist. Wir erwarten dies um so mehr, als wir ausserdem im Frühjahr und Sommer durch den Besuch von mehr als hundert andern Gelehrten und Alterthumsfreunden erfreut worden sind, von denen die Feuernekropolentheorie aufs entschiedenste zurückgewiesen ist und von denen mehrere dies seitdem durch Rede und Schrift zur öffentlichen Kunde gebracht haben. Sollte übrigens Herr Boetticher fortfahren, die Pergamos als Feuernekropole darzustellen und bei irgend einem Sachverständigen den Gedanken erregen, die ganze gelehrte Welt hätte sich geirrt und nur er allein hätte Recht, so ist ein solcher Zweifler aufs freundlichste eingeladen, uns während der Zeit der nächsten Ausgrabungen, also zwischen dem 1. März und 1. August 1891, in Troja zu besuchen, um sich an Ort und Stelle von der Sachlage zu überzeugen.

Anfangs April gab uns der Kronprinz von Italien mit seinem Gefolge die Ehre seines Besuchs in Hissarlik. Unter den vielen Männern der Wissenschaft, die uns später beehrten, waren der berühmte Georges Perrot von Paris, der Verfasser der „Histoire de l'Art", und der vielbekannte Oberbaudirector Dr. Josef Durm aus Karlsruhe; auch sie theilten die Ueberzeugung aller andern Gelehrten über die Feuernekropolentheorie in vollstem Maasse. Letzterer hat seitdem in einem „Zum Kampf um Troja" überschriebenen Aufsatze (im „Centralblatt der Bauverwaltung", X, 1890, Nr. 40 und 41) seine Ansichten auch öffentlich ausgesprochen. Sehr interessant sind seine Bemerkungen über die geringe Grösse der Pergamos und seine Zusammenstellung der verschiedenen Akropolen und Burgen (auf S. 410). Trotz der verhältnissmässigen Kleinheit der Burg

von Ilios findet auch er es nicht etwa unwahrscheinlich, dass
Priamos auf dem Hügel von Hissarlik Platz gefunden hat für
sich und sein Geschlecht. Das Volk muss natürlich hier, wie
anderswo, ausserhalb der Burg gewohnt haben, und diese selbst
konnte deshalb einen geringern Umfang haben, als wir vielleicht erwarten.

Ich will als Parallele zu dieser Erscheinung die erst ganz
kürzlich geschehene Entdeckung und theilweise Ausgrabung der
einst berühmten Stadt Lachisa (Λάχεισα) durch Flinders Petrie
erwähnen, der durch seine Studien über die Pyramiden von Gizeh,
seine Erforschung der Pyramide von Howara, des angrenzenden
Labyrinths und Gräberfeldes, durch seine Ausgrabungen in der
alten Stadt bei der Pyramide von Ilahun und von Naukratis
allgemein bekannt ist.

Lachisa, jetzt Tell Hesy genannt, in Palästina im Di-
strict Daromas, war ein alter kananitischer Königssitz (Josua
X, 3) und wurde von Josua erobert (Josua X, 31). Flinders
Petrie beschreibt (in der „Contemporary Review") die Bau-
stelle als einen 60 Fuss (also 19 Meter) hohen Hügel von
auf einander gebauten Städten, der einen Flächenraum von
40,000 Quadratfuss (also ca. 4000 Quadratmeter) hat und somit
nur zwei Fünftel so gross ist als die Pergamos der zweiten
Stadt von Troja, die 10,000 Quadratmeter misst.

Da der vorbeifliessende Fluss etwas von der Ruine fort-
geschwemmt hatte, so lag ein Durchschnitt des Trümmer-
berges von oben bis unten vor Augen. Ganz oben fand der
glückliche Entdecker archaisch-griechische Topfwaare vom 6.
und 5. Jahrhundert vor Chr.; auf halber oder dreiviertel
Höhe entdeckte er phönikische Terracotten, die er nach seiner ägyptischen Erfahrung der Zeit von 1100 v. Chr. zu-
schreibt. Die wichtigste Stadt von allen ist die unterste, der
er ein Alter von 1500 Jahren v. Chr. gibt. Ihre Ringmauer
besteht, wie die trojanische, aus ungebrannten, nur an der

Sonne getrockneten Ziegeln; sie ist 28 Fuss 8 Zoll (also etwa
9 Meter) dick und noch jetzt 21 Fuss (also etwa 6,60 Meter) hoch.
Aus gleichem Material bestehen die Hausmauern. Geradeso
wie in der Pergamos von Troja ist also in der Königsstadt
Lachisa Ansiedelung auf Ansiedelung gefolgt und ist die Bauart
identisch. Auf den Ruinen der alten Gebäude wurden neue errichtet und bildete sich im Laufe der Jahrhunderte eine Schuttanhäufung, die jener von Troja äusserst ähnlich ist, ja sie noch
übersteigt.

Die letzten Ausgrabungen auf Hissarlik dauerten vom
1. März bis zum 1. August 1890. Wir beabsichtigen, dieselben am 1. März 1891 wieder aufzunehmen und das ange-
fangene Werk zu Ende zu führen. Nach Beendigung der
Ausgrabungen werden wir die Resultate derselben ausführlich
veröffentlichen. Es schien aber angemessen, schon jetzt über
die Ergebnisse des ersten Ausgrabungsjahres einen vorläufigen
Bericht zu erstatten und diesem einen Plan der Pergamos bei-
zugeben. Ausführliche Pläne werden später der Hauptpublication beigefügt werden.

Wie ein Blick auf Plan VII in „Troja" zeigt, war durch
die frühern Arbeiten, namentlich durch die Ausgrabungen
von 1882, die Pergamos innerhalb der Ringmauer der zweiten,
der in einer furchtbaren Katastrophe untergegangenen Stadt
schon an mehrern Stellen bis zu den Hausmauern derselben
abgegraben. Aber an vielen Stellen waren diese noch von den
Mauern und dem Schutt der dritten Ansiedelung bedeckt; hie
und da, wie z. B. östlich vom Thore $O\,X$, stand der Schutt-
hügel noch unangerührt. Wir haben es uns daher angelegen
sein lassen, die Hausmauern der zweiten Stadt gänzlich blosszu-
legen, womit wir, da die Arbeit sorgfältig geschehen musste, erst
gegen Ende Juli fertig geworden sind. An der Westseite haben
wir das mit $H\,S$ bezeichnete Gebäude der dritten Ansiedelung
stehen lassen, jedoch sind auch hier die sich unterhalb desselben

erstreckenden Hausmauern der zweiten Stadt hinlänglich aufgedeckt, um einen Plan davon machen zu können. Auch die
Veränderungen, welche die Gebäude im Laufe der verschiedenen
Perioden der zweiten Stadt erfahren haben, konnten genau festgestellt werden.

Ich mache aufmerksam auf die grosse Aehnlichkeit der
trojanischen Gebäude mit dem 1884 und 1885 von uns ausgegrabenen prähistorischen Palast der Könige von Tiryns. Es
tritt diese Aehnlichkeit ganz besonders ans Licht bei den beiden Gebäuden *A* und *B*, deren Plan fast identisch ist mit dem
des tirynther Königshauses (siehe „Tiryns", S. 253 und 254).

Auch eine neben der Festungsmauer emporsteigende Rampe,
genau so wie die in Tiryns von uns ausgegrabene (siehe
„Tiryns", Plan I), haben wir in Troja entdeckt. Als eine solche
erwies sich nämlich die auf Plan VII in „Troja" und auf dem
neuen Plane (Taf. III) mit *B C* bezeichnete Mauer, in der wir
früher eine Mauer der Unterstadt vermuthet hatten. Ebenso wie
die in Tiryns besteht auch diese trojanische Rampe aus grossen
unbehauenen, mit Lehmmörtel verbundenen Blöcken. Gleichwie
in Tiryns muss auf dem Höhepunkt der Rampe ein Thor in der
Nordmauer sein, welches wir im nächsten Frühjahr ans Licht
zu bringen hoffen. Sehr interessant sind die am Fusse der
Rampe befindlichen Stufen.

Eine zweite, dem Anscheine nach noch viel ältere Rampe
fanden wir vor dem grossen Südostthor (*F O* im Plane auf
Taf. III). Diese Rampe besteht aus kleinern, mit Lehmmörtel
verbundenen Steinen und bildet einen treppenartigen Aufgang.
Sie beweist, dass auch an dieser Seite die Pergamos von
dem Plateau der Unterstadt durch eine Senkung getrennt war.
Dieses Südostthor haben wir bis auf den Grund sorgfältig ausgegraben und dabei constatirt, dass es zu verschiedenen Zeiten
umgebaut ist. Anfänglich hatte dasselbe zwei gleichmässig
vorspringende Flankirungsthürme; später wurde der Thorweg

schmäler gemacht und verstärkte man die Flankirungsthürme
durch neue Mauern.

Jahrtausende lang ist an dieser Stelle einer der Haupt-
aufgänge zur Pergamos gewesen, und man sieht noch jetzt hoch
über dem Südostthor die Reste zweier, aus griechischer und
römischer Zeit stammender Propyläen. Von dem römischen
Propyläon haben sich zahlreiche marmorne Säulentrommeln korinthischen Stils gefunden.

Ausser diesem grossen Südostthor und ausser dem Thor,
welches wir, wie eben erwähnt, auf der Höhe der Rampe in
der Nordmauer vermuthen, hatte die Pergamos der zweiten Stadt
noch drei Thore, nämlich das bereits 1872 von mir ausgegrabene
grosse Südwestthor (*FM* im Plane auf Taf. III), von welchem
mit einer Steigung von 1 zu 4 eine mit grossen Steinplatten
gepflasterte, mit seitlichen Brüstungsmauern eingefasste Strasse
zur Unterstadt hinunterführt. Dann das 1882 von mir aufgedeckte Südthor (*FN* im Plane auf Taf. III), und weiter
ein Thor an der Westseite, welches in dieser letzten Campagne
ans Licht gebracht ist. Es befindet sich neben einem der
grossen Mauerthürme und gehört augenscheinlich der ersten
Periode der zweiten Stadt an. In seiner Form und Bauart entspricht es vollkommen dem Südthor (*FN*), welches ebenfalls
aus der ersten Periode der zweiten Stadt stammt. Als das
Südwestthor (*FM* im Plane auf Taf. III) bestand, waren jene
beiden Thore der ersten Epoche schon zugemauert und verschüttet. Neben diesem neu aufgefundenen Westthor deckten wir
am Fusse des Unterbaues eine sehr wohlerhaltene, etwa 2,40 Meter
hohe, 1,20 Meter breite Ausfallspforte auf, durch welche man auf
schmalem Wege im Innern der Burgmauer zur Höhe der Pergamos hinaufsteigen konnte. Die Seitenmauern der Pforte waren
durch hölzerne Balken gestützt, von denen wir grosse Stücke
in verkohltem Zustande fanden.

In den Seitenwänden der Pforte erkennt man die Löcher

des Querriegels, mittels dessen sie einst verschlossen wurde.
Wir haben den Thürsturz mit eisernen Balken unterstützt, um
ihn in seinem jetzigen Zustande zu befestigen.

Eine unserer grössten Arbeiten dieses Jahres war die, von
obenher eine schichtweise Ausgrabung der auf der West-
und Südwestseite der Pergamos noch unangerührt stehen ge-
bliebenen gewaltigen Erdklötze vorzunehmen. Für die Wissenschaft war diese Ausgrabung von allerhöchstem Interesse, denn in
der Mitte der Akropolis hatten die Römer die Hausmauern der
frühern obern Schichten zerstört, um ein Plateau herzustellen,
während hier, ausserhalb der Pergamos der zweiten, der verbrannten Stadt und näher bei der Burgmauer der römischen
Akropolis, die Hausmauern durchschnittlich etwa einen Meter hoch
mit ihren Fundamenten erhalten sind. Dieselben zeigen uns vier
Ansiedelungen, die seit dem Untergange der letzten prähistorischen Stadt auf einander gefolgt sind, und unterhalb derselben
noch wieder die Hausmauern von drei auf einander gefolgten
prähistorischen Ansiedelungen, ehe wir den Fussboden der
zweiten Stadt erreichen. Von jeder dieser sieben Schichten
haben wir einige Hausmauern stehen lassen, damit die Besucher
sie untersuchen und studiren können.

Bei weitem die grossartigste der obern Ansiedelungen ist
die römische, deren Gebäude manchmal 5 Meter tief gehende
Fundamente haben. Die darin vorkommende Topfwaare ist sehr
ordinär, hier und da schlecht schwarz gefirnisst, aber meistens
ungefärbt; es kommen viele Lampen, auch ungefärbte flaschen-
artige Gefässe von Thon vor. Alle diese Topfwaare wird hier
gemacht sein. Besonders beachtenswerth in dieser römischen Ansiedelung sind zwei aus regelmässig behauenen Blöcken hergestellte Brunnen, die durch alle tiefern Schichten bis in den
Fels hinabreichen; ferner die vielen thönernen Wasserleitungen,
durch die das Wasser vom obern Thymbrios nach Ilions Feste
geleitet wurde.

Zu dieser römischen Stadt gehört auch das 1882 von mir ausgegrabene Theater an der Nordseite (vgl. „Troja", S. 235, Fig. 121), welches mehr als 6000 Zuschauer aufnehmen konnte, sowie das in diesem Jahre an der Südostecke der Akropolis von uns ans Licht gebrachte theaterförmige Gebäude, welches etwa 200 Zuschauer aufnehmen kann. Letzteres weicht in mancher Beziehung von den gewöhnlichen Theatergrundrissen ab, und ist es daher wohl möglich, dass wir in ihm kein Theater oder Odeion, sondern den theaterförmigen Sitzungssaal einer Körperschaft, vielleicht der Βουλή, zu erkennen haben. Die Decke ist eingestürzt; sonst ist das Gebäude bis auf die obern Sitzreihen, welche an die aus mächtigen Quadern bestehende Umfassungsmauer gelehnt waren und jetzt fehlen, wohlerhalten; es besteht aus hartem Kalkstein, nur die unterste Sitzreihe ist aus Marmor. Es wurden zwei lebensgrosse marmorne Statuen darin entdeckt, deren eine wahrscheinlich den Tiberius darstellen soll; denn es wurden zwei Marmorblöcke mit Inschriften dabei gefunden, die ich auf den nachfolgenden Seiten gebe und deren eine aus dem 17. Jahre der Regierung dieses Kaisers stammt, während die andere vielleicht ein oder zwei Jahre älter ist.

Südlich von und unmittelbar neben der Umfassungsmauer sieht man eine Gruppe von neun mächtigen aufrechtstehenden Pithoi, die jedenfalls einer viel ältern Zeitperiode, wahrscheinlich der vierten oder fünften Ansiedelung von oben, angehören. Solche Krüge kommen aber auch in der römischen Ansiedelung vor und sind in allen andern historischen und prähistorischen Ansiedelungen ungemein häufig. Man findet sie stets aufrechtstehend und fast immer mit Steinplatten bedeckt; denn gleichwie in den Wein- und Oelbuden in Pompeji und Herculanum und gleichwie es in Ermangelung von Kellern noch heute in ganz Kleinasien und in ganz Griechenland üblich ist, dienten sie als Vorrathsbehälter für Oel, Wein, Wasser, Früchte und Getreide.[1]

Wie allgemein ihr Gebrauch als Weinbehälter war, das beweist der unter Kaiser Domitian (81—96 n. Chr.) aus zerschlagenen Weinkruken gebildete 20 Meter hohe, über 100 Meter im Durchmesser habende Monte Testaccio in Rom.

---

[1] Immerhin ist die Möglichkeit da, dass sowol die Krüge in Hissarlik, als auch die pompejanischen und römischen durch Jahrtausende langes Liegen in der feuchten Erde porös geworden sind, und mag dies mit den kleinern Gefässen in noch viel stärkerm Grade der Fall sein. Dass sie aber einst wasserdicht waren oder wenigstens nach ihrer Herstellung wasserdicht gemacht wurden — sei es durch längere Füllung mit Wasser oder anderswie —, darüber kann kein Zweifel bestehen. Ich erinnere an die in den drei obern Ansiedelungen Ilions in sehr grosser Menge vorkommenden unglasirten irdenen Lampen, deren vom brennenden Docht schwarz gebrannte Oeffnung auf langen Gebrauch hinweist und die natürlicherweise mit Oel gefüllt gewesen sein müssen, die man aber nicht hätte benutzen können, wären sie porös gewesen und wäre das Oel herausgeträufelt.

Herr Ullrich in Berlin hatte die Güte, mich aufmerksam zu machen auf das Reisewerk des Dr. W. Junker über seine letzte Tour durch Afrika („Dr. W. Junker's Reisen in Afrika", Wien und Olmütz 1890, Verlag von Eduard Hölzel), worin sich auf S. 110 folgende Notiz findet: „Die Djurstämme, auch der in hiesiger Gegend sesshafte Stamm der Wau, nach welchem Station und Fluss benannt sind, errichten zum Aufbewahren des schon gereinigten Getreides in den Hütten grosse, mehrere Meter hohe, den gewöhnlichen Wassergefässen (Burma) ähnlich geformte Behälter aus Thon. Es geschieht dies hauptsächlich zum Schutz gegen Ratten und andere Thiere, welche die Thonwände des Behälters, selbst wenn diese im ungebrannten Zustande belassen werden, nicht zu durchdringen vermögen. Ausserdem schützen sie gegen Feuchtigkeit. Solche Behälter finden sich auch bei den mohammedanischen Stämmen des Sudan vielfach in Gebrauch und werden dort gewöhnlich «Guga» genannt. Dr. Schliemann fand zu gleichen Zwecken dienende Thongefässe grösster Form bei seinen Ausgrabungen in Troja."

An Feldfrüchten fanden wir in den Krügen mehrere Getreidesorten und kleine Erbsen, von welch letztern in einem grossen Kruge allein mehr als 200 Kilogramm gefunden wurden.

Eine weitaus bessere Topfwaare als die römische findet sich in der zweiten Trümmerschicht von oben, die der hellenischen Zeit angehört; hier sieht man unter anderem schwarz gefirnisste Scherben, die oft mit weissen oder rothen Ornamenten verziert sind, jedoch ist besonders hervorzuheben, dass diese zuweilen nicht ausgespart, sondern auf den schwarzen Firniss gemalt sind. Wir lassen es dahingestellt, ob diese Topfwaare an Ort und Stelle angefertigt oder von Griechenland importirt ist. Jedenfalls müssen wir ersteres für die vielfach vorkommenden Vasen von rothem Thon annehmen, welche mit Thierfiguren und besonders mit Wasservögeln bemalt sind; denn ähnlich hergestellte bemalte Vasen findet man überall in der Troas.

Archaisch-griechische Topfwaare findet sich in der folgenden Schicht, welche kaum einheimisches Fabrikat enthält, es seien denn die sonderbaren Becher, welche durch Eintauchen in die Farbe am obern Theile ungleichmässig gefärbt sind. Charakteristisch sind hier die schönen schwarz gefirnissten attischen Vasen mit herrlichen rothen Figuren, die rhodischen Gefässe mit Thieren, Pflanzenornament oder geometrischen Mustern, die korinthischen und proto-korinthischen Vasen mit Reihen laufender Thiere u. s. w.

Höchst merkwürdig durch seine aus grossen behauenen Blöcken hergestellten Gebäude ist die vierte Ansiedelung von oben, in welcher jene eigenthümlich monochrome graue oder schwarze Topfwaare gefunden wurde, die ich früher für lydisch hielt und in „Ilios", S. 657—668, sowie in „Troja", S. 214—216, beschrieben habe. Wie ich in „Ilios" wiederholt erklärte, waren von den Römern im Innern der Burg alle und jegliche Hausmauern dieser Colonie weggeräumt worden und nur Topfwaaren übriggeblieben, welche ich dort in

etwa 2 Meter Tiefe unter der Oberfläche fand. Hier aber an
der Westseite ausserhalb von Trojas Pergamos, aber innerhalb
der römischen und griechischen Akropolis und näher der Mauer
der letztern, stiessen wir erst in etwa 7 Meter Tiefe unter
der Oberfläche auf diese merkwürdige Ansiedelung, die eine
Stärke bis zu 2 Meter hat. Da ich die hier massenhaft vorkommende monochrome gelbe, graue oder schwarze Topfwaare
auch in allen von mir ausgegrabenen sogenannten Heldengräbern,
sowie in der ältern Ansiedelung auf dem Bali-Dagh hinter Bu-
narbaschi, auf dem Fulu-Dagh, in Kurschunlu-Tepé und in
Kebrene gefunden habe, so kann es kaum einem Zweifel unterliegen, dass sie einheimisches Fabrikat ist. Gleichzeitig damit
kommt aber auch sehr viel bemalte Topfwaare jener Typen vor,
die wir gewohnt sind, als die urältesten Griechenlands anzusehen.

Unter diesen verdienen vor allem die mit parallelen Streifen
bemalten mykenischen Bügelkannen (siehe Taf. I, Nr. 4)
genannt zu werden, deren Form die am meisten vorkommende in
Mykenae und Tiryns ist, und die auch von Flinders Petrie bei der
Pyramide von Ilahun im Fayum in Aegypten in Gräbern aus der
Zeit König Ramses' II (ca. 1350 v. Chr.) gefunden wurde. Dann
verdienen besondere Erwähnung die häufig vorkommenden Vasen
von mykenischem Typus mit gemalten Pflanzenornamenten oder
mit Verzierungen von concentrischen Kreisen und Spiralen; ferner
die bemalten mykenischen Becher (siehe Taf. I und II, Nr. 5
—17). Ob für diese uralten Typen eine Importation von
Griechenland anzunehmen ist, scheint mir zweifelhaft. Da nämlich in Hellas die Cultur, welche diese Typen hervorbrachte, annähernd im 12. Jahrhundert v. Chr. durch die dorische Ein-
wanderung oder die sogenannte Rückkehr der Herakliden unter-
ging und spurlos verschwand, letztere aber die äolische Auswan-
derung nach Kleinasien und besonders nach der Troas hervorrief,
so ist es wohl möglich, dass daran auch viele Töpfer theilgenommen und in Ilion ihre Kunst eingebürgert haben.

Was die einheimische monochrome graue, gelbe oder schwarze
Topfwaare betrifft, so mache ich ganz besonders darauf aufmerksam, dass fast alle Typen derselben — wie z. B. die grossen
Vasen und Becher mit drei Auswüchsen in Form von Hörnern
(vgl. „Ilios", S. 659, Fig. 1369; S. 660, 661, Fig. 1370—1377),
die Becher mit langen elliptisch gebogenen und in eine Spitze
auslaufenden Henkeln (vgl. „Ilios", S. 662, 663, Fig. 1379, 1380,
1381), die Vasenhenkel in Form von Pferdeköpfen, Ochsen-
köpfen oder Schlangen (vgl. „Ilios", S. 664, Fig. 1391; S. 667,
Fig. 1399—1405), die grossen Schüsseln mit zwei oder vier Henkeln (vgl. „Ilios", S. 658, Fig. 1363, 1365) — vor allem in dieser
Ansiedelung und in keiner der vorhergehenden fünf prähistorischen Schichten vorkommen. Vasen mit zwei senkrecht durch-
bohrten Auswüchsen, die in den untern vorhistorischen Ansiedelungen in so grosser Menge vorkommen, sind in dieser Schicht
ungemein selten: seit Anfang der Ausgrabungen in Ilion, im
Jahre 1871, mögen im ganzen vier davon gefunden sein. Die
in dieser Schicht vorkommenden Idole sind von Terracotta und
übertreffen an Rohheit alles, was derartiges in Mykenae gefunden
ist (vgl. Taf. I, Nr. 1—3, sowie „Ilios", S. 672, Fig. 1412,
1413). Wie in den unteren fünf prähistorischen Schichten,
sind die Verzierungen an den Vasen dieser sonderbaren einheimischen Topfwaare entweder eingeritzt, wie „Ilios", S. 659,
Fig. 1359; S. 660, Fig. 1373; S. 666, Fig. 1397, oder eingepresst,
wie „Ilios", S. 658—663, Fig. 1365—1369, 1374—1376.

Es kommen in dieser Ansiedelung zwar Messer und andere
Werkzeuge von Bronze vor, gleichzeitig aber auch in grosser
Menge steinerne Werkzeuge, wie Aexte und Hämmer von Diorit,
Kornquetscher von Granit oder Basalt, Sägemesser von Silex,
Messer von Obsidian, Handmühlen von Trachyt.

Von einem der aus grossen behauenen Steinen bestehenden Gebäude dieser Ansiedelung haben wir einen weiter
unten mitgetheilten Plan herstellen können. Derselbe zeigt den

2*

Grundriss des alten Megaron, wie wir es in Tiryns aufgedeckt und in der zweiten, der verbrannten Stadt von Troja gefunden und unter *A* und *B* auf dem neuen Plane (Taf. III) dargestellt haben. Ob dasselbe ein Wohnhaus oder ein Tempel war, hat sich bis jetzt nicht bestimmen lassen. Wir haben dieses hochinteressante Gebäude unversehrt stehen lassen, und die Besucher von Troja sind freundlich gebeten, es nach unserm Plan zu studiren. Es kamen auch mehrere Festungsmauern ans Licht, die wir mit hoher Wahrscheinlichkeit dieser Ansiedelung zuschreiben dürfen.

Die tiefer liegenden drei Schichten mit Hausmauern können nach den darin enthaltenen Topfwaaren der fünften, vierten und dritten Stadt im Innern der alten Pergamos entsprechen.

Von Eisen hatte ich bisher in keiner der fünf prähistorischen Ansiedelungen von Troja eine Spur gefunden, und da auch in meinen Ausgrabungen in Mykenae, Orchomenos und Tiryns nichts davon zum Vorschein gekommen war, so glaubte ich annehmen zu müssen, dass dieses Metall in vorgeschichtlicher Zeit sowohl in Kleinasien als in Griechenland durchaus unbekannt war. Jetzt aber fand ich bei der Reinigung der Hausfundamente im Innern der Pergamos, speciell in dem grossen Gebäude, welches in dem Quadrate G 5 des Planes (Taf. III) liegt, ein Paar, an der einen Seite sehr durch Rost zerstörter, an der andern aber ziemlich gut erhaltener Klumpen Eisen. Der eine derselben hat an der besser erhaltenen Seite ein viereckiges Loch, und ich vermuthe daher, dass er als Griff eines Stabes gedient haben mag. Es kann also jetzt nicht mehr bezweifelt werden, dass Eisen bereits in der zweiten, der verbrannten Stadt, bekannt war. Wahrscheinlich aber war es damals noch sehr viel seltener und theurer als Gold. Zusammen mit den Eisenstücken wurden noch vier grosse Steinbeile und andere kleine Gegenstände gefunden, welche ebenso wie die zahlreichen Vasenscherben und sonstigen Funde später in der Hauptpublication beschrieben werden sollen.

Erst bei der Reinigung der Hausmauern der zweiten Stadt und bei den Ausgrabungen unterhalb derselben wurde es uns so recht klar, welch langes Leben diese Ansiedelung gehabt und welche Reihe von Jahrhunderten sie geblüht haben muss. Wir constatirten nämlich in den Hausmauern dreifache Umbauten, fanden auch — ausser den auf dem neuen Plane (Taf. III) mit *c* und *b* bezeichneten ältern und jüngern Festungsmauern — eine noch viel ältere Ringmauer der Pergamos, welche wir an vielen Stellen ans Licht gebracht haben und die, ebenso wie ihre Thürme, stark geböscht und wohlerhalten ist. Auch hier bestand der Oberbau aus Rohziegeln; der vor der Mauer liegende rothe oder gelbe Ziegelschutt kann darüber keinen Zweifel lassen. Da ich nie etwas dieser Art gesehen hatte, so hielt ich früher ähnlichen Ziegelschutt für Holzasche, und so entstanden die irrthümlichen Angaben von „gelber oder rother Holzasche" in „Ilios".

Die Entdeckung der Trümmer der ersten Periode der zweiten Stadt hat es mir ermöglicht, die Topfwaare dieser Ansiedelung genauer zu bestimmen. In der ersten Periode derselben finde ich noch eine glänzend monochrom schwarze Topfwaare, die jener der ersten Stadt von Troja auffallend ähnlich sieht. Die Teller und Schüsseln haben hier noch genau die Form derer aus der ersten Stadt (vgl. „Ilios", S. 247, Fig. 37—38), nur fehlen hier die horizontalen Durchbohrungen der letztern. Gerade wie in der ersten Stadt, haben hier die Vasen noch an beiden Seiten Auswüchse mit je zwei senkrechten Durchbohrungen zum Aufhängen. Erst nach und nach bildet sich die Topfwaare zu den Formen aus, wie sie in der dritten und letzten Periode der zweiten Stadt vorkommt.

In den vier oberen prähistorischen Ansiedelungen wurden in derselben Menge, wie früher, Topfwaaren, Bürsten, Hämmer,

Messer, Handmühlen, Gussformen, Thürpfannen [1] u. s. w. gefunden. Da alle verschiedenen Typen dieser Sachen aufs reichlichste in den Werken „Ilios" und „Troja" illustrirt sind, so unterlassen wir es, hier weitere Abbildungen oder Beschreibungen davon zu geben. Offenbar waren dies Gegenstände des täglichen Gebrauchs. Ausser ein Paar Gefässen, die der Form von sogenannten Aschenurnen nahe kommen, ist unter den vielen Tausenden von Gegenständen in den trojanischen Museen in Berlin und Athen, wie sich jedermann überzeugen kann, nicht ein einziger, der auf Todtencultus hinwiese. Besonders die Gesichtsvasen, deren im Ganzen etwa 60 gefunden sind, dürfen hierfür nicht in Anspruch genommen werden. Allerdings kommen Leichenurnen mit Menschengesichtern in Deutschland dann und wann in Gräbern vor und es mögen im ganzen bis jetzt 100 davon gefunden sein; sie sind aber stets gross und bauchig, während die Trojanischen Gesichtsvasen verhältnissmässig klein, viele sogar liliputanisch sind. Nur eine einzige von 0,60 Meter Höhe wurde aufgedeckt. Stets fand man sie in Häusern und ohne eine Spur von Asche oder Knochen; sie müssen daher als Hausgeräth gedient haben. Gesichtsvasen zum Leichencultus sind nur in Gräbern denkbar, nie aber ist in der Pergamos ein Grab gefunden.

---

[1] Den Gebrauch der Steinplatten mit rundem Loch als Thürpfannen hatte ich bisher nur bei dem in „Ilios", S. 343, Fig. 181 zur Darstellung gebrachten Stein errathen und richtig bezeichnet. Erst Herr C. Babin, der in seinen Ausgrabungen in Susa ähnliche Thürpfannen in grosser Menge gefunden hatte, hat mich darauf aufmerksam gemacht, dass die zu vielen Hunderten in Troja vorkommenden runden Steinscheiben mit einem nicht durchgehenden runden Loch, sowie auch alle Steinscheiben oder viereckigen Platten mit einem zwar durchgehenden aber oben sehr grossen, unten sehr engen Loch (vgl. „Ilios", S. 637, Fig. 1285, 1287, und S. 652, Fig. 1347) ohne Ausnahme Thürpfannen waren und unmöglich zu einem andern Zwecke gedient haben können.

In der Schicht der ersten Ansiedelung Trojas haben wir dies-
mal nur sehr wenig gearbeitet, da Grabungen in derselben unmöglich sind, ohne dass man die oberhalb derselben liegenden Ruinen
der viel wichtigeren und interessanteren zweiten Stadt zerstört.

An der Süd- und Ostseite haben wir die Burgmauer der
dritten Periode der zweiten Stadt mit ihren Thürmen fast in
ihrer ganzen Länge aufgedeckt.

Durch unsere Grabung an der Westseite wurde die ganze
westliche und südwestliche Burgmauer der zweiten Stadt freigelegt, deren aus Steinen erbauter, stark geböschter Unterbau
in seiner ganzen Höhe von 8,50 Meter wohlerhalten ist. Von
der einstigen Existenz eines Oberbaues aus an der Sonne getrockneten Ziegeln legen die zahlreichen Ziegelschuttmassen,
welche vor der geböschten Mauer gefunden wurden, noch jetzt
sicheres Zeugniss ab. Es wurden an dieser Westseite zwei
Thürme aufgedeckt, die in ihrem untern Theile sehr wohlerhalten sind und 2,50 Meter vor die Mauer vorspringen. Als die
grosse trojanische Mauer noch ganz unversehrt dastand, muss
sie, wenn wir auch nur 6 Meter für Ziegelmauer und 2 Meter
für obere Galerie rechnen (wie eine solche für die Mauer des
Themistokles in Athen nachgewiesen ist und wie wir eine solche
auf der Mauer von Tiryns ans Licht gebracht haben), eine Ge-
sammthöhe von 16,50 Meter gehabt und hier an der Westseite
mit ihren riesigen Thürmen ein höchst imposantes Ansehen
gewährt haben. Es ist daher begreiflich, dass ihr Bau nach
der uns durch Homer erhaltenen Sage dem Poseidon und dem
Apollo zugeschrieben wurde.

Ich beabsichtigte hier an der Westseite einen grossen Theil
der Unterstadt auszugraben, hatte aber mit riesigen Schwierig-
keiten zu kämpfen, da die Schuttmassen mehr als 16 Meter hoch
stehen und jede einzelne der unzähligen Hausmauern immer erst
gereinigt werden musste, ehe sie photographirt und abgebrochen
werden konnte. Darüber ging leider viel kostbare Zeit ver-

loren und ich habe allen Anstrengungen zum Trotz bis jetzt nur
sehr wenig von der zur Pergamos gehörigen Unterstadt freilegen können.

Wir werden aber vom 1. März 1891 ab mit aller Energie
daran arbeiten, von der Mauer der Pergamos weiter und weiter
nach Westen und Süden vorzudringen. Wir wollen dann gleichzeitig auch die ganze Agora des griechischen und römischen
Ilion freilegen, von der wir bereits eine Menge Säulen ans Licht
gebracht haben.

In einiger Entfernung von der Pergamos, aber ausserhalb
der römischen Ringmauer der Unterstadt, fanden wir eine grosse
Anzahl von Gräbern, theils Plattengräber, theils in den Felsen
gehauene Schächte, die nach den Beigaben den ersten Jahrhunderten n. Chr. angehören. Auch gruben wir eine ganze Reihe
byzantinischer Gräber aus. Wir werden im nächsten Jahre fortfahren, nach den Nekropolen der griechischen und urältesten Zeit
Ilions zu suchen.

Das im Mai 1873 von Frau Schliemann ausgegrabene, im
Volksmunde Pascha Tepé genannte, südlich von Ilion gelegene
kegelförmige Hügelgrab habe ich von neuem durch einen quer
durch dasselbe gezogenen offenen Stollen ausgegraben. Ich entdeckte jetzt ein Menschengeripppe, aber ohne alle Beigaben, in
demselben, auch eine steinerne Treppe, die früher von der Ostseite auf den Gipfel führte, aber durch den im Laufe der Jahrhunderte vom Regen heruntergewaschenen obern Theil des
Grabes mit Erde bedeckt war.

An der Süd- und Westseite, am Fusse der Pergamos, haben
wir Gräben von 100 Meter Länge gezogen und darin die Mauern
grossartiger Gebäude von Ilion, auch viele korinthische Säulen
aufgedeckt. Um aber die Unterstadt von Troja ans Licht zu
bringen, sind wegen der gewaltigen Schuttanhäufung auch hier
grosse Vorarbeiten nöthig, die wir bis zum nächten Jahr auf-
schieben müssen.

INSCHRIFTEN.

In der Trümmerschicht, in welcher die Vasen des mykenischen Typus zusammen mit der monochromen grauen oder schwarzen einheimischen Topfwaare vorkommen — also in der sechsten Ansiedelung von unten gerechnet —, fand ich den hier nach

Fig. 1. Wirtel mit Inschrift.

einer Zeichnung von E. Gilliéron wiedergegebenen Wirtel von brauner Terracotta mit Schriftzeichen, die eingeritzt sind, als der Thon noch feucht war.

Ich schickte den Wirtel dem berühmten Assyriologen, Professor A. H. Sayce in Oxford, der mir Nachstehendes darüber schreibt: „Die Inschrift ist eine der besten und deutlichsten, die ich je gesehen habe, und ein herrliches Beispiel kyprischer Epigraphie. Die Lesung ist Πα-το-ρι Τυ-ρι. Nach Hesychios gab es ein Wort Πάτορες mit der Bedeutung «Eigenthümer». Falls daher die Sprache der Inschrift griechisch ist, so müssen wir übersetzen «Dem Eigenthümer Tyris». Jedoch scheint es mir

wahrscheinlicher, dass die Sprache derselben phrygisch ist, und
können wir in diesem Falle Πατορι als das Aequivalent des griechischen Πατρί ansehen, denn Tyris ist die Gottheit, von welcher der Name der phrygischen Stadt Tyriaion abstammt. Dem-
gemäss würde die Uebersetzung der beiden Worte sein: «Dem
Vater Tyris»."

Bei unsern Ausgrabungen auf der Südseite der Pergamos,
etwa 1 m unter der Oberfläche, fanden wir das 0,31 m lange,
0,24 m breite Bruchstück einer marmornen Stele mit nachfolgen-
der Inschrift, die aus der Diadochen-Zeit zu stammen scheint:

Ω	ω
ΑΓΕ	αγε
ΤΕΗΜ	τεημ
ΩΝΓΟΛ	ωνπολ
ΤΗΣΒΑΣΙΛΙΣΣΗΣ	τῆς βασιλίσσης
ΤΗΝΓΑΡΑΤΗΣΒΑΣΙΛισσης	τὴν παρὰ τῆς βασιλ[ίσσης
καιΘΕΙΝΑΙΜΙΑΝΜΕΝΓΡΟΣ	κα]ὶ Ͽεῖναι μίαν μὲν πρὸς
ΟΝΙΝΑΔΕΚΑΙΗΒΑΣΙΛΙΣσα	ον ἵνα δὲ καὶ ἡ βασίλισ[σα
ΣΑΥΤΟΥΚΑΙΟΣΤΡΑΤΗγος	σ αὐτοῦ καὶ ὁ στρατη[γός
ΓΕΡΙΤΑΣΕΥΕΡΓΕΣΙΑΣΑΥ	περὶ τὰς εὐεργεσίας αὐ
ΚΕΙΝΓΕΡΙΣΤΕΦΑΝΩΝ	κειν περὶ στεφάνων
τοΥΔΗΜΟΥΟΙΔΕΓΡΥΤΑΝΕΙΣ	το]υ δήμου οἱ δὲ πρυτάνεις
ΑΥΤΟΝΟΤΑΝΕΝΤΩΙΘΕΑτρωι	αὐτὸν ὅταν ἐν τῷ Ͽεά[τρωι
ΙΔΙΩΤΗΣΕΓΙΧΕΙΡΟΙΗΛΥ	ἰδιώτης ἐπιχειροῖ ἢ λυ
βασιλιΣΣΗΣΚΑΙΤΩΝΒΑΣΙΛΕΩΝ	βασιλι]σσης καὶ τῶν βασιλέων
ΓΕΓΡΑΜΜΕΝΩΝΕΞΩ	γεγραμμένων ἔξω
ΣΤΟΛΗΝΚΑΙΤΟΨΗ	στολήν καὶ τὸ ψη
ΜΙΑΣΤΗΙΕΙΚΑ	μιας τηι εικα
ΣΚΑΙΤΟΥΦ	σκαι τουφ

In einem auf der Ostseite der Pergamos abgeteuften Schachte
fanden wir, etwa 0,50 m unterhalb der Oberfläche, eine 0,39 m

lange, 0,175 m breite, 0,08 m dicke Platte aus hartem Kalkstein
mit der Inschrift:

ΜΗΤΡΟΒΙΟΣ   Μητρόβιος

ΜΗΤΡΟΒΙΟΥ   Μητροβίου

Auf der Nordwestseite der Pergamos wurden in etwa 1 m
Tiefe zwei Bruchstücke von marmornen Stelen mit Inschriften
gefunden. Das eine derselben ist 0,10 m lang, 0,08 m breit,
0,05 m dick und hat:

ΛΑΥΤΩ
ΝΥΝΟΝΤΑ
ἐΓΙΜΕΛΕΙΑ
ΣΙΝΚΑΙΥΓ
σΥΝΚΕΧΩΡηx..
ΙΣΤΗΝΕ

Das andere Bruchstück ist 0,14 m lang, 0,13 m breit, 0,06 m
dick und trägt die Inschrift:

ΔΟΞΩΝΚΑΙ
ΚΑΙΣΤΗΣΑΙ
ΑΤΟΥΛΕΥΚΟΥ
ΤΑΙΕΝΤΩΙΣΤΑ
ϽΝΒΑΣΙΛΕΩΣ
βασιΛΕΩΣΑΕΙΤΗΝ
ΑΝΑΓΓΕΛΙ
ΡΛ

In dem theaterähnlichen Gebäude am Südost-Ende der Pergamos wurden nachstehende Inschriften gefunden:

1) Auf einem Marmorblock von 0,86 m Länge, 0,76 m Tiefe
und 0,32 m. Höhe:

ΑΥΤΟΚΡΑΤΟΡΑΚΑΙΣΑ[ρα Σεβαστοῦ] ΥΙΟΝ
ΣΕΒΑΣΤΟΝΑΡΧΙΕΡΕΑΚ ΙΙ [ημαρ] ΧΙΚΗ
ΕΞΟΥΣΙΑΣΤΟΔΩΔΕΚ [ατον]
ΜΕΛΑΝΙΠΠΙΔΗΣΕΥΘΥΔΙΚΟΥΙ [λιέων πρό]
ΞΕΝΟΝΚΑΙΕΥΕΡΓΕΤΗ[ν]

2) Auf einem Marmorblock von 1,36 m Länge, 0,33 m Höhe und 0,72 m Tiefe:

ΤΙΒΕΡΙΟΝΚΑΙΣΑΡΑ ΘΕΟΥΣΕΒΑΣΤΟΥΥΙΟΝ
ΣΕΒΑΣΤΟΝΑΡΧΙΕΡΕΑ ΔΗΜΑΡΧΙΚΗΣΕΞΟΥΣΙ
ΑΣ ΤΟ ΔΓ ΥΠΑΤΟΝ ΤΟ Ε ΤΟΝΣΥΝ
ΓΕΝΗΚΑΙΣΩΤΗΡΑΚΑΙΕΥΕΡΓΕΤΗΝΗΒΟΥΛΗ
ΚΑΙΟΔΗΜΟΣ

Ich bemerke, dass sich die für den ersten Block gegebene Länge nur auf das grösste Bruchstück desselben bezieht, und dass bei Hinzufügung der drei kleineren Fragmente rechts die Länge des Ganzen der des zweiten Inschriftblocks genau entspricht. Der erstere war jedenfalls ein Theil der Basis der von Melanippides zu Ehren des Tiberius errichteten Statue.

Da nach der zweiten Inschrift der Kaiser sein fünftes Consulat bekleidete, welches nach Cassius Dio (LVIII 4, 3) mit dem Jahre der Stadt 784, 31 n. Chr. zusammenfällt, gleichzeitig aber auch die *tribunicia potestas* zum dreizehnten Mal, während er diese in der ersten Inschrift zum zwölften Mal hatte, so ist diese natürlich die ältere. Obgleich in dieser Tiberius nicht mit Namen genannt ist, so kann es doch, sowohl den Fundumständen nach, als auch wegen der sichern Ergänzung von [Σεβαστοῦ] υἱόν, auch wegen des zwölften Tribunats, keinem Zweifel unterliegen, dass dieser Kaiser gemeint ist.

Melanippides kommt als Ilier in Aeschines' Briefen (X, 10) vor.

Der zweite Inschriftblock war schon einmal benutzt worden, denn die Inschrift steht auf Rasur.

Auf dem Fragmente einer Marmorplatte befinden sich folgende Zeilen, die der Schrift nach aus hellenistischer Zeit stammen:

ΩΝΟ
ΤΕΦΑ
ΚΑΙΣ
ΣΙΛΕΩΣ
ΥΗΦΙΣΜΑ

Dieses Fragment könnte zu einer der von mir oben wiedergegebenen Inschriften gehören.

Auf einer runden Basis (von 0,75 m Durchmesser und 0,55 m Höhe) aus hellbläulichem Marmor ist von einer bereits im Alterthum ausgemeisselten Inschrift noch folgendes übriggeblieben:

Γ [υυ] ΑΙΚ Λ
Ε ////////////////////////ΣΤ..Ν

//////////////////////////////////ΙΣ
ΤΙΛ////////////////////////////////
////////////////////////////////////Σ
///////////////////////////////////

Die letzten vier Zeilen werden die Nennung des Künstlers enthalten haben.

Auf einer runden, 0,76 m im Durchmesser habenden und 0,72 m hohen Basis von Marmor:

ΛΙ
ΟΥΤΟΥ
[’Αντι] ΟΧΟΥ [μνήμης] ΕΝΕΚΕΝ
ΚΑΙΕΥΣΕΒΕΙΑΣ[τη]ιΣΕΙΣΤΟΙΕΡΟΝ
ΚΑΙΕΥΕΡΓΕΣΙΑΣΤΗΣΕΙΣΤΟΝΔΗΜΟΝ

ΗΡΑΚΛΕΙΔΗΣΣΑΤΥΡΙΣΚΟΥ
ΒΥΖΑΝΤΙΟΣΕΓΟΗΣΕ

Nach der Schrift zu urtheilen gehört diese Inschrift ins zweite Jahrhundert v. Chr., jedoch fehlt uns jeglicher Anhaltspunkt, zu bestimmen, von welchem Antiochos hier die Rede ist.

Ferner kam auf der Burg Ilions eine kleine schwarz gefirnisste Topfscherbe zum Vorschein mit der Inschrift

die jedenfalls nicht jünger ist als das sechste Jahrhundert v. Chr. Ich schlage vor, das Wort Κτησίπολις zu lesen.

Auf einer in einer römischen Mauer in Ilion verbauten 0,79 m langen, 0,44½ m breiten, 0,10 m dicken Marmorplatte stehen auf beiden Seiten Inschriften, deren oberer Theil durch den Bruch des Steins verloren gegangen ist. Wir geben dieselben auf nachstehenden Seiten:

ΛΑΜΓΡΙΣ-ΑΣΚΛΗΓΙΟΔΩΡΟΣΦΙΛΩ
,,ΔΙΝΝΑΥΙΟΣΦΙΛΩΝ-ΦΙΛΟΚΛΗΣΦΙΛΩΝΟΣΓΥΝ
ΙΟΣΑΡΤΕΜΙΔΩΡΟΥΜΗΤΗΡΝΙΚΟΓΕΝΙΣ-ΑΣΚΛΗΓΙΑ
ΜΗΤΗΡΕΥΘΗΝΗ-ΣΙΜΟΣΑΡΙΣΤΑΡΧΟΥ-ΜΑΤΡΩΝΑΡΙΣΤΟΝΙ
,,ΡΟΒΙΑ-ΘΕΟΤΙΜΟΣΓΟΤΑΜΩΝΟΣΓΥΝΗΗΡΑΙΣΘΥΓΑΤΗΡΔΗΜΗ
,,ΩΝΔΗΜΗΤΡΙΟΥΓΥΝΗΓΑΡΜΕΝΙΣΥΙΟΣΔΗΜΗΤΡΙΟΣΘΥΓΑΤΕΡΕΣ
ΑΑΡΙΣΤΟΔΑΜΑ-ΗΡΑΚΛΕΙΔΗΣΔΗΜΗΤΡΙΟΥΓΥΝΗΑΡΤΕΜΩΜΗΤΗΡΑΡ
ΕΜΙΣ-ΜΕΝΕΚΡΑΤΗΣΜΗΝΟΦΙΛΟΥ-ΑΡΤΕΜΙΔΩΡΟΣΕΙΚΑΔΙΟΥΜΗΤΗΡ
ΦΙΛΟΤΙΜΟΝ-ΜΕΝΕΚΡΑΤΗΣΑΡΤΕΜΩΝΟΣ-ΜΗΝΟΦΑΝΤΟΣΔΗΜΗΤΡΙΟΥΓΥΝΗ
10 ΜΕΓΑΡΑ-ΒΑΚΧΙΟΣΓΟΣΕΙΔΙΓΓΟΥΜΗΤΗΡΚΛΕΟΓΑΤΡΑΓΥΝΗΜΙΚΙΝΝΑ-ΔΙΟΝΥ
ΣΙΟΣΓΑΜΦΙΛΟΥ-ΒΑΚΧΙΟΣΓΑΜΦΙΛΟΥ-ΔΙΟΝΥΣΙΟΣΦΙΛΙΤΑΓΥΝΗΕΡΜΙΟΝΗΘΥΓΑ
ΤΗΡΣΚΑΜΑΝΔΡΟΔΙΚΗ-ΚΟΡΙΣΚΟΣΑΓΟΛΛΩΝΙΟΥΓΥΝΗΜΙΚΙΝΝΑΥΙΟΣΑΓΟΛΛΩΝΙΟΣ
ΤΙΜΟΓΕΝΗΣΗΡΩΙΔΟΥ-ΑΥΙΛΟΥΓΟΛΙΣΔΙΟΝΥΣΙΟΥΜΗΤΗΡΜΗΝΟΚΡΙΤΗ-ΑΓΟΛΛΩΝΙΟ
ΓΟΤΑΜΩΝΟΣΓΥΝΗΕΥΘΥΜΙΑ-ΑΓΟΛΛΩΝΙΟΣΑΡΙΣΤΟΚΡΑΤΟΥ-ΣΗΝΙΣΔΙΟΝΥΣΙΟΥ
15 ΜΗΤΗΡΜΗΤΡΟΦΙΛΑ-ΑΓΟΛΛΩΝΙΟΣΑΓΟΛΛΟΔΩΡΟΥΓΥΝΗΦΙΛΟΥΜΕΝΗΘΥΓΑ
ΤΗΡΜΗΤΡΟΔΩΡΑ-ΝΟΥΜΗΝΙΟΣΑΓΑΘΟΚΛΕΙΟΥΣΜΗΤΗΡΜΗΤΡΙΧΗ-ΜΕΝΕΣΤΡΑ
ΤΟΣΓΛΑΥΚΟΥ-ΦΙΔΙΤΑΣΔΙΟΝΥΣΙΟΥ-ΜΗΝΟΦΑΝΗΣΑΛΕΞΑΝΔΡΟΥ-ΣΙΜΑΛΟΣΛΑΜ
ΓΩΝΟΣ-ΞΗΝΟΔΟΤΟΣΑΙΣΧΥΛΟΥ-ΑΓΟΛΛΩΝΙΔΗΣΓΕΡΟΝΤΟΣ-ΜΕΝΙΣΚΟΣΑΡ
ΤΕΜΙΔΩΡΟΥ-ΙΣΟΔΙΚΟΣΤΙΜΑΡΧΟΥΜΗΤΗΡΕΚΑΤΑΙΑ-ΣΟΛΩΝΑΓΟΛΛΑ-ΑΣΚΛΗ
20 ΓΙΑΔΗΣΜΕΛΕΑΓΡΟΥΓΥΝΗΑΝΔΑΜΗΤΗΡΜΗΝΟΦΙΛΑ-ΙΚΕΣΙΟΣΜΕΝΕΚΡΑΤΟΥ-ΓΡΑ

ΞΙΑΝΑΞΙΓΓΙΟΥ-ΤΙΜΟΓΕΝΗΣΜΕΝΙΓΓΟΥΜΗΤΗΡΝΙΚΑΙΑ-ΦΑ..ΗΜΟΣΑΘΗΝΑΓΟ
ΡΟΥ-ΑΝΔΡΟΣΘΕΝΗΣΜΗΝΟΦΙΛΟΥ-ΓΟΣΕΙΔΩΝΙΟΣΜΗΔΕΙΟΥΓΥΝΗΒΑΤΙΣ
ΥΙΟΣΜΗΔΕΙΟΣΘΥΓΑΤΗΡΘΕΟΓΕΝΕΙΑ-ΜΗΝΟΦΑΝΗΣΓΟΤΑΜΩΝΟΣΓΥΝΗ
ΙΝΝΑΥΙΟΙΜΗΝΟΔΟΤΟΣΜΗΝΟΦΑΝΗΣΟΥΓΑΤΗΡΦΙΛΑ-ΜΕΝΙΓΓΟΣΤΙΜΩΝΟΣ
25 ΓΥΝΗΕΡΜΙΟΝΗΥΙΟΣΜΕΝΙΓΓΟΣ-ΜΕΝΕΜΑΧΟΣΑΡΙΣΤΩΝΟΣ-ΜΕΝΙΣΚΟΣ
ΓΕΡΑΝΘΟΥΓΥΝΗΛΥΔΙΟΝ-ΚΛΕΩΝΜΗΔΕΙΟΥΓΥΝΗΤΑΤΙΣ-ΥΙΟΙΓΑΡΜΕΝΙΣΚΟΣΜΗ
ΔΕΙΟΣΘΥΓΑΤΗΡΘΕΟΓΕΝΕΙΑ-ΙΣΙΛΟΣΗΓΗΣΙΟΥΜΗΤΗΡΑΣΙΝΝΩΓΥΝΗΜΑΝΑ
ΚΟΝΟΥΓΑΤΗΡΑΣΙΝΝΩ-ΚΑΛΛΙΣΤΡΑΤΟΣΑΤΤΙΝΟΥΓΥΝΗΑΘΗΝΑΙΣ-ΜΗΝΟΦΙ
ΛΟΣΜΗΤΡΟΔΩΡΟΥΓΥΝΗΚΙΡΕΙΣ-ΠΡΑΞΙΜΕΝΗΣΣΚΑΜΑΝΔΡΙΟΥΓΥΝΗΑΡΤΕΜΙΣ
30 ΥΙΟΣΣΚΑΜΑΝΔΡΙΟΣΘΥΓΑΤΗΡΛΑΜΓΡΙΣ-ΜΙΘΡΑΔΑΤΗΣΦΙΛΑΓΡΟΥΓΥΝΗΦΙΛΙ
ΣΤΑ-ΔΙΟΚΛΗΣΔΙΟΝΥΣΙΟΥΥΙΟΣΔΙΟΚΛΗΣΜΗΤΗΡΜΕΝΕΣΤΡΑΤΗ-ΑΣΚΛΗΓΙ
ΑΔΗΣΓΟΣΕΙΔΩΝΙΟΥΓΥΝΗΟΛΥΜΓΙΑΣ-ΜΗΝΟΦΙΛΟΣΘΕΩΝΟΣΜΗΤΗΡΜΙΔΑ
ΣΙΑ-ΜΕΝΙΣΚΟΣΘΕΩΝΟΣ-ΒΑΤΗΣΜΕΝΩΝΟΣ-ΑΝΤΙΓΟΝΟΣΜΗΝΟΦΑΝΟΥ-
ΓΡΩΤΟΜΑΧΟΣΕΥΘΥΔΑΜΟΥΓΥΝΗΜΕΛΙΝΝΑ-ΕΡΞΑΝΔΡΟΣΛΕΟΝΤΟΣ
35 ΓΥΝΗΜΥΣΤΑΛΙΝΗΘΥΓΑΤΗΡΣΙΜΟΤΕΡΑ-ΔΙΟΝΥΣΙΟΣΜΗΝΟΔΩΡΟΥΜΗ
ΤΗΡΑΡΤΕΜΩΓΥΝΗΝΑΝΝΙΣΥΙΟΣΑΓΟΛΛΟΦΑΝΗΣ-ΙΓΓΙΑΣΛΑΜΓΩΝΟΣ
ΑΘΗΝΟΔΩΡΟΣΙΩΙΛΟΥΜΗΤΗΡΑΡΤΕΜΙΔΩΡΑ-ΑΓΟΛΛΟΦΑΝΗΣΗΓΗΣΙΟΥ
ΑΝΔΡΙΑΣΑΝΔΡΙΟΥ-ΑΝΔΡΕΙΑΣΜΕΝΑΝΔΡΟΥΜΗΤΗΡΗΡΑΙΣ-ΑΣΚΛΑΓΩΝΜΕ
. . ΝΔΡΟΥΜΗΤΗΡΜΗΝΑΚΟΝ-ΠΥΘΟΜΝΗΣΤΟΣΕΓΙΓΕΝΟΥΜΗΤΗΡΜΕΝΕΣΤΡΑ
40 . . ΜΗΝΟΔΩΡΟΣΜΕΝΙΣΚΟΥΓΥΝΗΑΜΦΙΟΝΙΣΥΙΟΙΑΡΤΕΜΙΔΩΡΟΣΜΕΝΙΣΚ . .

. . . . . . ΡΑΝΤΟΣΑΣΚΛΗΓΙΑΔΟΥΓΥΝΗΦΙΛΑΥΙΟΣΜΕΛΕΑΓΡΟΣ·ΜΗΤΡΟΔ

. . . . ΟΚΛΕΙΟΥΣ·ΘΕΟΦΙΛΟΣΓΡΟΣΕΙΔΙΓΓΟΥΕΓΙΓΕΝΗΣΕΓΙΓΕΝΟΥ

. . . . ΟΣΤΙΜΑΡΧΟΥ·ΚΩΚΟΣΔΙΟΝΥΣΟΔΩΡΟΥ·ΜΥΡΤΙΛΟΣΛΑΜΓΩΝΟΣ

. . . . ΔΗΣΚΛΕΑΡΧΟΥ·ΔΗΜΗΤΡΙΟΣΚΛΕΑΡΧΟΥ·ΜΗΝΟΔΩΡΟΣΜΗΝΟΔ . . .

45 . . . . . . ῀ΡΙΣΤΕΡΑ·ΔΙΟΝΥΣΟΔΩΡΟΣΜΕΝΕΚΡΑΤΟΥ·ΛΥΣΙΜΑΧΟΣΣΤΡΑ

. . . . ΧΟΣΚΑΙΣΕΥΘΗΣΟΙΝΙΚΟΜΑΧΟΥΜΗΤΗΡΜΑΙΑΝΔΡΙΑ·ΜΙΛΗΣΙΟΣ

. . . . ΛΩΝΙΟΣΜΕΝΑΝΔΡΟΥ·ΑΛΕΞΑΝΔΡΟΣΜΕΝΑΝΔΡΟΥΓΥΝΗΑΡ

. . . . ΣΙΑΣΕΥΑΝΔΡΟΥΓΥΝΗΕΡΜΙΟΝΗ·ΦΙΛΟΞΕΝΟΣΦΙΛΟΞΕΝΟΥΓΥ

. . . . ῀·ΔΙΦΙΛΟΣΔΙΦΙΛΟΥΓΥΝΗΑΔΕΙΑ·ΠΡΩΤΟΦΑΗΣΔΙΟΝΥΣΙΟΥ

Auf der andern Seite:

. . . .

. . . ΙΟΣΑΓΟΛΑΛΩΝΙΟΣ·ΕΓΙΚΟΥΡΟΣΜΟΣΧΟΥ·ΜΗ . . . . .

ΜΙΛΗΣΙΟΣΕΥΒΟΥΛΙΔΟΥΓΥΝΗΑΡΤΕΜΙΔΩΡΑΥΙΟΙΟΕΟΔΕΚΤΗΣ

ΗΣΗΓΗΣΑΝΔΡΟΥ·ΓΑΡΜΕΝΙΣΚΟΣΑΝΤΙΓΑΤΡΟΥΓΥΝΗΜΟΙΡΩ·ΕΥΒΙΟΣ

. . ΙΣΚΟΥ·ΔΗ῀.Ι῀ . . . ΣΔΟΚΙΜΟΥ·ΝΙΚΑΝΔΡΟΣΙ   ΙΝΟΔΩΡΟΥ·ΜΗΝΟΔΩΡΟΣ

5 ΝΙΚΑΝΔΡΟΥ . Η .   ΔΩΡΟΣΤΙΜΕΟΥΜΗΤΗΡΔΙΟ .   ΣΙΑ·ΔΗΜΗΤΡΙΟΣΝΙΚΟΜΗ

ΔΟΥ·ΦΙΛΙΝΟΣΔΙΟΝΥΣΙΟΥ·ΚΛΕΑΡΙΣΤΟΣΣΩΣΘΕ . ΟΥ·ΑΡΤΕΜΙΔΩΡΟΣΘΕΟΓΕ

ΝΟΥ·ΜΗΝΟΦΑΝΤΟΣΑΜΥΝΤΟΥ·ΜΕΙΔΙΑΣΘΕΩΝΟΣ·ΣΤΡΑΤΙΟΣΙΩΙΛΟΥ

ΑΣΚΛΗΓΙΑΔΗΣΜΕΙΔΩΝΟΣΓΥΝΗΑΡΤΕΜΙΔΩΡΑΥΙΟΣΜΕΝΕΣΘΕΥΣ

ΧΗΡΑ , ΕΥΜΕΝΙΣΜΙΚ . . . ΟΥ-ΣΤΡΑΤΟΙ . . . ΑΠΟΛΛΟΦΑΝΟΥ-ΓΟΑΑΡΙΣΤΟΜΑΧϹ .

10 ΑΡΙΣΤΟΔΑΜΑΙΔΑΙΟΥ-ΦΙΛΙΝΝΑΠΟΤΑΜΩΝΟΣ-ΜΑΝΙΑΑΝΔΡΕΟΥ-ΕΥΚΛΕΙΑ

ΒΑΚΧΙΟΥ-ΝΑΝΝΙΣΠΟΛΥΜΗΔΟΥ leer.

ΚΑΙΟΙΣΕΔΟΟΗΗΠΟΛΙΤΕΙΑ-ΜΗΝΟΦΙΛΟΣΤΕΥΚΡΟΥ-ΜΗΝΟΦΙΛΟΣΝΙΚΟ

ΜΗΔΟΥ-ΜΗΤΡΟΔΩΡΟΣΛΕΥΚΙΟΥ-ΝΟΥΜΗΝΙΟΣΝΕΩΝΟΣ-ΑΠΟΛΛΩΝΙΟΣΔΙΟ

ΝΥΣΙΟΥ-ΚΙΛΛΗΣΔΗΜΟΣΘΕΝΟΥ-ΜΑΤΡΟΦΑΗΣΔΗΜΟΣΘΕΝΟΥ-ΔΑΜΟΧΑΡΙΣ

15 ΑΡΤΕΜΙΔΩΡΟΥ-ΗΡΑΚΛΕΙΔΗΣΞΕΝΟΚΡΑΤΟΥ-ΑΡΙΣΤΟΝΟΥΣΚΑΛΛΙΠΠΟΥ .

ΑΣΚΛΗΠΙΑΔΗΣΜΕΜΝΟΝΟΣ-ΜΗΝΟΦΙΛΟΣΜΕΝΙΠΠΟΥ-ΑΡΧΕΣΤΡΑΤΟΣΑΠΟΛ .

ΔΩΡΟΥ-ΜΕΝΕΔΗΜΟΣΑΙΚΛΕΙΔΑ-ΜΗΝΟΦΙΛΟΣΑΜΥΝΤΟΥ-ΜΙΛΗΣΙΟΣΑΡΙΣΤΩΝ . .

ΝΙΚΑΔΑΣΜΗΝΟΓΕΝΟΥ-ΜΑΧΙ . . . . . . ΕΝΟΥΜΗΤΗΡΜΗΤΡΟΔΩΡΑ-ΗΡΩΙΔ

ΚΑΙΠΟΤΑΜΩΝΟΙΜΕΝΕΜΑΧ . . . . . ΗΦΑΙΣΤΙΩΝΟΣ-ΜΗΝ . .

20 Ν Η Σ Μ Ε Λ Α Ν Ι Π Π Ο Υ - Κ Α Ρ Σ . . . . . Δ Ω Ρ Ο Υ

Μ Ε Ν Α Ν Δ Ρ Ο Σ Α Σ Κ Λ Η Π Ι Α . . . . . . ΑΣΚΛΗΠΙΑΔΗΣ

leer

Λαμπρίς-Ἀσκληπιόδωρος Φιλω-
Ἡδίννα, υἱὸς Φίλων-Φιλοκλῆς Φίλωνος, γυνὴ
. . ιος Ἀρτεμιδώρου, μήτηρ Νικογενὶς-Ἀσκληπιά-
δης . . . . . .] μήτηρ Εὐθήνη-Σῖμος Ἀριστάρχου-Μάτρων Ἀριστονί-
5 Ἡροβία-Θεότιμος Ποταμῶνος, γυνὴ Ἡραΐς, θυγάτηρ Δημη-
. . ων Δημητρίου, γυνὴ Παρμενίς, υἱὸς Δημήτριος, θυγατέρες
. . α Ἀριστοδάμα-Ἡρακλείδης Δημητρίου, γυνὴ Ἀρτεμώ, μήτηρ Ἄρ-
τ]εμις - Μενεκράτης Μηνοφίλου-Ἀρτεμίδωρος Εἰκαδίου, μήτηρ
Φιλότιμον-Μενεκράτης Ἀρτέμωνος-Μηνόφαντος Δημητρίου, γυνὴ
10 Μεγάρα-Βάκχιος Ποσειδίππου, μήτηρ Κλεοπάτρα, γυνὴ Μικίννα-Διονύ
σιος Παμφίλου-Βάκχιος Παμφίλου-Διονύσιος Φιλίτα, γυνὴ Ἑρμιόνη θυγάτηρ Σκαμανδροδίκη-Κορίσκος Ἀπολλωνίου, γυνὴ Μικίννα, υἱὸς Ἀπολλώνιος
Τιμογένης Ἡρώΐδου-Αὐΐλούπολις Διονυσίου, μήτηρ Μηνοκρίτη-Ἀπολλώνιο[ς
Ποταμῶνος, γυνὴ Εὐθυμία- Ἀπολλώνιος Ἀριστοκράτου-Ζῆνις Διονυσίου,
15 μήτηρ Μητροφίλα-Ἀπολλώνιος Ἀπολλοδώρου, γυνὴ Φιλουμένη, θυγάτηρ Μητροδώρα- Νουμήνιος Ἀγαθοκλείους, μήτηρ Μητρίχη- Μενέστρα-
τος Γλαύκου- Φιδίτας Διονυσίου- Μηνοφάνης Ἀλεξάνδρου- Σίμαλος Λάμ-
πωνος- Ζηνόδοτος Αἰσχύλου- Ἀπολλωνίδης Γέροντος- Μενίσκος Ἀρ-
τεμιδώρου- Ἰσόδικος Τιμάρχου, μήτηρ Ἑκαταία-Σόλων Ἀπόλλα-Ἀσκλη-
20 πιάδης Μελεάγρου, γυνὴ Ἄνδα, μήτηρ Μηνοφίλα-Ἱκέσιος Μενεκράτου-Πρα-
ξιάναξ Ἱππίου-Τιμογένης Μενίππου, μήτηρ Νικαία-Φα[ίδ]ημος Ἀθηναγό-
ρου-Ἀνδροσθένης Μηνοφίλου- Ποσειδώνιος Μηδείου, γυνὴ Βατίς,
υἱὸς Μήδειος, θυγάτηρ Θεογένεια- Μηνοφάνης Ποταμῶνος, γυνὴ
Ἴννα, υἱοὶ Μηνόδοτος Μηνοφάνης, θυγάτηρ Φιλα- Μένιππος Τίμωνος,
25 γυνὴ Ἑρμιόνη, υἱὸς Μένιππος- Μενέμαχος Ἀρίστωνος- Μενίσκος
Περάνθου, γυνὴ Λύδιον-Κλέων Μηδείου, γυνὴ Τατίς, υἱοὶ Παρμενίσκος Μήδειος, θυγάτηρ Θεογένεια-Ζώϊλος Ἡγησίου, μήτηρ Ἀσιννώ, γυνὴ Μάνα-
κον, θυγάτηρ Ἀσιννώ-Καλλίστρατος Ἀττίνου, γυνὴ Ἀθηναΐς-Μηνόφι-
λος Μητροδώρου, γυνὴ Κιρεῖς-Πραξιμένης Σκαμανδρίου, γυνὴ Ἄρτεμις,
30 υἱὸς Σκαμάνδριος, θυγάτηρ Λαμπρίς-Μιθραδάτης Φιλάγρου, γυνὴ Φιλί-
στα-Διοκλῆς Διονυσίου, υἱὸς Διοκλῆς, μήτηρ Μενεστράτη-Ἀσκληπι-
άδης Ποσειδωνίου, γυνὴ Ὀλυμπιάς-Μηνόφιλος Θέωνος, μήτηρ Μιδα-
σία Μενίσκος Θέωνος- Βάτης Μένωνος- Ἀντίγονος Μηνοφάνου-
3*

36

Πρωτόμαχος Εὐθυδάμου, γυνὴ Μέλιννα - Ἔρξανδρος· Λέοντος,
35 γυνὴ Μυσταλίνη, θυγάτηρ Σιμοτέρα- Διονύσιος Μηνοδώρου, μήτηρ Ἀρτεμώ, γυνὴ Ναννίς, υἱὸς Ἀπολλοφάνης- Ἱππίας Λάμπωνος
Ἀθηνόδωρος Ζωΐλου, μήτηρ Ἀρτεμιδώρα - Ἀπολλοφάνης Ἡγησίου-
Ἀνδρίας Ἀνδρίου-Ἀνδρείας Μενάνδρου, μήτηρ Ἡραΐς- Ἀσκλάπων Με-
νά]νδρου, μήτηρ Μήνακον-Πυθόμνηστος Ἐπιγένου, μήτηρ Μενεστρά-
40 τη-]Μηνόδωρος Μενίσκου, γυνὴ Ἀμφιονίς, υἱοὶ Ἀρτεμίδωρος Μενίσκ[ος
. . . . ραντος Ἀσκληπιάδου, γυνὴ Φίλα, υἱὸς Μελέαγρος-Μητρόδ[ωρος
. . . . . . οκλείους Θεόφιλος Ποσειδίππού Ἐπιγένης Ἐπιγένου-
. . . . . . ος Τιμάρχου- Κῶκος Διονυσοδώρου- Μύρτιλος Λάμπωνος
. . . . δης Κλεάρχου-Δημήτριος Κλεάρχου-Μηνόδωρος Μηνοδ[ώ-
45 ρου . . . Πε]ριστερά- Διονυσόδωρος Μενεκράτου- Λυσίμαχος Στρα-
. . . . χος καὶ Σεύθης εἱ Νικομάχου, μήτηρ Μαιανδρία-Μιλήσιος
. . . . Ἀπολ]λώνιος Μενάνδρου - Ἀλέξανδρος Μενάνδρου, γυνὴ Ἄρτεμις . . .] σιας Εὐάνδρου, γυνὴ Ἑρμιόνη- Φιλόξενος Φιλοξένου, γυ-
νή . . . . . .]-Δίφιλος Διφίλου, γυνὴ Ἄδεια-Πρωτοφάης Διονυσίου

Auf der andern Seite

υ]ἱὸς Ἀπολλώνιος -Ἐπίκουρος . Μόσχου- Μη . . . .
Μιλήσιος Εὐβουλίδου, γυνὴ Ἀρτεμιδώρα, υἱοὶ Θεοδέκτης . . . . . .
ης Ἡγησάνδρου-Παρμενίσκος Ἀντιπάτρου, γυνὴ Μοιρώ-Εὔβιος . . . .
. . . ισχου -Δημήτ[ριο]ς Δοκίμου-Νίκανδρος Μηνοδώρου - Μηνόδωρος
5 Νικάνδρου-[Μ]η[νό]δωρος Τιμέου, μήτηρ Διο[νυ]σία-Δημήτριος Νικομή-
δου- Φιλῖνος Διωνυσίου- Κλεάριστος Σωσθέ[ν]ου-Ἀρ:εμίδωρος Θεογέ-
νου- Μηνόφαντος Ἀμύντου- Μειδίας Θέωνος-Στράτιος Ζωΐλου
Ἀσκληπιάδης Μείδωνος, γυνὴ Ἀρτεμιδώρα υἱὸς Μενεσθεύς.
Χήρα[ι] Εὐμενὶς Μικ . . . ου-Στρατο[κλίς] Ἀπολλοφάνου-Πία Ἀριστομάχ[ου
10 Ἀριστοδάμα Ἰδαίου- Φιλίννα Ποταμῶνος- Μανία Ἀνδρέου- Εὔκλεια
Βακχίου- Ναννὶς Πολυμήδου.
Καὶ οἷς ἐδόθη ἡ πολιτεία-Μηνόφιλος Τεύκρου- Μηνόφιλος Νικο-
μήδου- Μητρόδωρος Λευκίου- Νουμήνιος Νέων:ς- Ἀπολλώνιος Διο-
νυσίου- Κίλλης Δημοσθένου Ματρφάης Δημοσθένου- Δαμόχαρις

15 Ἀρτεμιδώρου - Ἡρακλείδης Ξενοκράτου - Ἀριστόνους Καλλίππου-
Ἀσκληπιάδης Μέμνονος - Μηνόφιλος Μενίππου - Ἀρχέστρατος Ἀπολ[λο-
δώρου - Μενέδημος Ἀϊκλείδα - Μηνόφιλος Ἀμύντου - Μιλήσιος Ἀριστίων[ος
Νικάδας Μηνογένου - Μαχι . . . . ενου, μήτηρ Μητροδώρα - Ἡρωΐδ[ης
καὶ Ποταμὼν οἱ Μενεμάχ[ου . . . . . .] Ἡφαιστίωνος - Μην . . .
20 νης Μελανίππου - Καρο . . . . δώρου
Μένανδρος Ἀσκληπιά[δου . . . .] Ἀσκληπιάδης

leer

Diese Inschrift ist höchst interessant und wichtig, denn sie
ist wahrscheinlich ein Theil des Verzeichnisses sämmtlicher
Bürger der Stadt, mit Angabe ihrer Frauen und Kinder, aus
hellenistischer Zeit. Es kommen darin viele Homerische Namen
vor, wie z. B. mehrfach Skamandrios, dann Teukros, Memnon,
Glaukos, Menestheus u. s. w., welche zu beweisen scheinen, dass
die Ilier stolz waren auf die Thaten ihrer trojanischen Vor-
väter, deren Ruhm vom göttlichen Dichter unsterblich gemacht
ist. Dann enthält die Inschrift eine erstaunliche Menge von
ganz unbekannten, hier zum ersten Male vorkommenden Namen,
so z. B. Männernamen: Phiditas (wenn hier nicht ein Versehen
des Steinmetzen anzunehmen und Philitas zu lesen ist), Auilu-
polis (?), Peranthes, Protophaes, Praximenes, Pythomnestos, Ma-
trophaes, Attinos, Aïkleidas und von Frauennamen: Euthene,
Herobia, Philotimon, Lampris, Nikogenis, Mikinna, Menokrite,
Anda, Inna, Lydion, Manakon, Menakon, Asinno, Kireïs, Mida-
sia, Mystalina, Simotera, Annis, Poa, Eumenis.

Dr. Heinrich Schliemann.

Die Bauwerke in Troja.

In dem ersten Theile dieses Berichtes hat Herr Dr. Schliemann schon im allgemeinen über die im Jahre 1890 ausgegrabenen Gebäude und Festungsmauern berichtet. Es bleibt
mir noch übrig, etwas näher auf die Gestalt und die Bauart der
einzelnen Anlagen einzugehen.

Für den Leser wird es am bequemsten sein, wenn ich dieselben nicht in der Reihenfolge beschreibe, in welcher sie freigelegt sind, sondern wenn ich die einzelnen übereinander liegenden Ansiedelungen der Reihe nach durchgehe, indem ich von
der untersten, ältesten Schicht beginne und allmählich bis zur
obersten, römischen fortschreite. Eine genaue Baubeschreibung
aller vorhandenen Bauanlagen soll aber nicht gegeben werden,
eine solche wird besser aufgeschoben, bis die Ausgrabungen
vollkommen beendet sind. Vielmehr beschränke ich mich in
diesem vorläufigen Berichte auf eine Erklärung der neu aufgefundenen Bauwerke und werde namentlich die Veränderungen
und Ergänzungen hervorheben, welche das in den früheren Publi-
cationen entworfene Bild der Ruinen von Troja durch die neuen
Ausgrabungen erfahren hat. [1]

---

[1] Ich will nicht versäumen, auch an dieser Stelle nochmals ausdrücklich zu betonen, dass ich es unter meiner Würde halte, auf
die neuesten Schmähschriften des Herrn Hauptmanns a. D. Boetticher
auch nur mit einem Worte öffentlich zu antworten. (Jan. 1891.)

Zur Erläuterung der Beschreibung füge ich auf Tafel III
einen neuen Plan der trojanischen Burg bei. Derselbe umfasst
ebenso wie der in dem Buche „Troja" veröffentlichte Plan VII
nur die Akropolis der zweiten Schicht und enthält auch fast
ausschliesslich Gebäude dieser wichtigsten Ansiedelung. Die
Mauern und Gebäude der obern Ansiedelungen, wie auch diejenigen der ältesten Schicht, sind nicht verzeichnet, um das Bild
nicht zu überladen und dadurch unverständlich zu machen. Alle
diese Bauwerke werden erst in der Hauptpublication nach
Schluss der Ausgrabungen in vielen Grundrissen, Durchschnitten
und Photographien mitgetheilt werden. Damit jede Stelle der
Burg leicht bestimmt und auf dem Plane aufgefunden werden
kann, habe ich letztern in einzelne Quadrate von je 20 m getheilt
und diese mit Buchstaben und Zahlen in der Weise beschrieben,
dass jedes Quadrat durch einen Buchstaben und eine Zahl bezeichnet werden kann. Die Mauern der einzelnen Schichten und
Perioden sind auf dem Plane durch verschiedenartige Schraffur
kenntlich gemacht. In Bezug auf die Deutung dieser Schraffuren
verweise ich auf die erläuternden Bemerkungen des Planes. Die
an vielen Stellen des Planes eingeschriebenen Zahlen geben die
Höhe über (+), resp. unter (—) dem Nullpunkt an; als solchen
habe ich die tiefste Stelle des Felsens im Innern der Burg in
D 3 gewählt.

1. Die erste, älteste Schicht.

Von der unmittelbar auf dem Felsen errichteten untersten
Ansiedelung sind nur diejenigen Mauern bekannt, welche in dem
grossen Nord-Süd-Graben freigelegt sind. Auf Plan VII des
Buches „Troja" sind dieselben mit gelber Farbe und dem Buchstaben F bezeichnet. Auf dem neuen Plan III habe ich da-
gegen nur den Graben selbst angegeben, die Mauern aber aus-
gelassen, um das Gebäude A besser zur Geltung zu bringen,

und weil durch die neuen Ausgrabungen fast nichts Neues hinzugekommen ist. In der untersten Schicht ist nämlich nur gegraben worden, als Herr Professor Virchow in Troja war. Er
wünschte noch ein neues Stück der untersten, uralten Ansiedelung freizulegen und hat daher den grossen Graben noch etwas
nach Westen erbreitert. Dabei kam eine Quermauer zu Tage,
welche mehrere der dünnen Längsmauern verbindet und ebenso
wie diese aus kleinen Bruchsteinen mit Lehmmörtel besteht.
Ueber die Bedeutung dieser Mauern und über die zwischen den-
selben aufgefundenen Gegenstände hat Professor Virchow kürzlich in der Anthropologischen Gesellschaft in Berlin (s. Verhandlungen dieser Gesellschaft, 1890, S. 338) berichtet. Ich
theile vollkommen seine Ansicht, dass es sich bei diesen Mauern
nur um menschliche Wohnplätze handeln kann, wobei natürlich
nicht ausgeschlossen ist, dass einzelne der Räume unbedeckt
waren und als Viehställe gedient haben.

Wie die Gebäude dieser ältesten Ansiedelung zu Grunde
gegangen sind, ist noch unbekannt. Durch eine Feuersbrunst
ist es nicht geschehen, denn es fehlen die verbrannten Holzbalken und sonstigen bedeutenden Brandspuren, welche man
in allen durch Feuer vernichteten Gebäuden anzutreffen pflegt.
Holzkohlen kommen allerdings häufig, aber nur in kleinen Stück-
chen vor. Die Mauern stehen durchschnittlich noch 1 m hoch
aufrecht, ihre obern Theile sind umgefallen und füllen zum
Theil die Zwischenräume aus. Proben des interessanten Stein-
verbandes werden später veröffentlicht werden.

Während die nördliche und südliche Grenze der ersten Ansiedelung schon früher bekannt war, ist über ihre Ausdehnung
nach Osten und Westen auch in diesem Jahre nichts Genaues
ermittelt werden. Bei Tiefgrabungen in C 4 zeigte sich jedoch,
dass die erste Ansiedelung sich wahrscheinlich nicht sehr weit
über den schon ausgegrabenen Theil nach Westen ausgedehnt hat.

2. Die zweite Schicht, die Pergamos von Troja.

Da die Bauwerke dieser Schicht die wichtigsten und, wenn wir von den hellenistischen und römischen Gebäuden absehen, auch die grossartigsten sind, so haben wir bei den letzten Grabungen hauptsächlich die weitere Freilegung und Aufklärung gerade dieser Schicht zu fördern gesucht. Grössere Stücke der Burgmauer sind aufgedeckt und untersucht worden, mehrere der im Innern der Burg schon früher ausgegrabenen Gebäude haben durch Ausgrabung neuer Mauern eine wesentliche Bereicherung ihres Grundrisses erfahren, und einige Bauwerke sind erst jetzt beim Abbruch der über ihnen liegenden spätern Mauern zum Vorschein gekommen. Wie sehr sich der Plan der Burg hierdurch verändert hat, erkennt man am besten, wenn man den neuen auf Taf. III gezeichneten Grundriss mit dem ältern auf Taf. VII des Buches „Troja" vergleicht.

Zu den beiden Burgmauern, welche früher bekannt waren, ist zunächst noch eine dritte, ältere hinzugekommen. Wir können daher jetzt drei Perioden innerhalb der zweiten Schicht unterscheiden, welche wir später alle drei bei den Wohngebäuden im Innern der Burg wiederfinden werden. Es handelt sich bei diesen verschiedenen Bauten der zweiten Schicht nicht um getrennte Ansiedelungen, sondern um Neubauten und Veränderungen, welche in derselben Schicht vorgenommen worden sind.

Das Niveau der zweiten Ansiedelung hat sich während dieser drei Perioden nur sehr wenig verändert. In den meisten Räumen findet man den Fussboden der ältern Periode nur wenige Centimeter unterhalb des jüngern Estrichs. An einigen Stellen hat sogar überhaupt keine Erhöhung stattgefunden. Im Gegensatze hierzu beträgt der Höhenunterschied zwischen den Fussböden der verschiedenen Schichten meist 1—2 m und steigt zuweilen bis auf 5 m. Aus diesem Grunde sprechen wir von drei Perioden derselben Schicht, nicht von drei verschiedenen Schichten oder „Städten".

Die Burg der zweiten Schicht hat also drei verschiedene Umfassungsmauern gehabt, ihr Umfang ist zweimal erweitert worden. Die ältere Umfassungsmauer, von welcher bisher nichts bekannt war, ist bei Tiefgrabungen im südwestlichen Theile der Burg zum Vorschein gekommen. Auf Taf. III ist sie mit Punkten ausgefüllt und mit dem Buchstaben *d* bezeichnet. Die Umfassungsmauer aus der zweiten Periode war schon früher bekannt. Auf dem Plane VII im Buche „Troja" war sie grau colorirt, in dem neuen Plane auf Taf. III hat sie eine weite kreuzweise Schraffirung erhalten. Sie ist ebenso wie die ältere Mauer bis jetzt fast nur im Süden und Westen der Burg aufgedeckt. Die Mauer aus der dritten Periode, früher mit rother Farbe bezeichnet, ist auf dem neuen Plane durch eine enge kreuzweise Schraffirung kenntlich gemacht und hat den Buchstaben *b* erhalten. Wir haben sie im Westen, Süden und Osten der Burg aufgefunden.

Ueber die Construction und Gestalt dieser drei Burgmauern und ihrer Thürme und Thore können vorläufig nur einige nähere Angaben zur Ergänzung früherer Beschreibungen gemacht werden. Von der ältesten Mauer (*d* auf Taf. III) ist an der Südwestseite der Burg in den Quadraten *C* 6 bis *F* 6 ein grosses Stück auffallend gut erhalten. Man sieht noch den bis zum Niveau der Burg reichenden Unterbau aus Stein, welcher als äussere Stützmauer des Burghügels errichtet war. Die Aussenseite ist stark geböscht, weil die aus kleinen Steinen mit Lehmmörtel erbaute Mauer sonst nicht dem Erddruck widerstehen würde. An ihrer Oberkante ist die Mauer 2,70 m stark. In einem Abstand von etwa 10,60 m von einander haben wir zwei Thürme aufgefunden, welche etwa 3 m breit sind und 2 m vor die Mauerlinie vorspringen. Der eine dieser Thürme (*d a*) liegt unter dem spätern Südwest-Thore (*F M*), der andere (*d b*) weiter östlich. Noch etwas mehr nach Osten hat vermuthlich ein dritter Thurm gestanden, welcher wahrscheinlich bei Herstellung des grossen Nord-Süd-Grabens abgebrochen worden ist.

Die Existenz dieser Thürme und ihre vorzügliche Erhaltung ist besonders deshalb werthvoll, weil Zweifel an dem Vorhandensein von Thürmen ausgesprochen worden sind. Ein solcher Zweifel ist jetzt nicht mehr zulässig. Dass diese Mauersprünge einen militärischen Charakter haben, dass sie wirkliche Thürme und keine Strebepfeiler waren, ist deshalb vollkommen sicher, weil die Mauer wegen ihrer Stärke und grossen Böschung keiner Strebepfeiler bedurfte. Constructiv waren die Thürme sogar schädlich, weil die Mauer durch die vorspringenden Ecken an Widerstandsfähigkeit gegenüber den Einflüssen der Witterung verlor. Mit den kleinen zur Verfügung stehenden Steinen muss es sehr schwer gewesen sein, die rechtwinkeligen oder sogar etwas spitzwinkeligen Ecken der Thürme herzustellen. Eine thurmlose Mauer war viel leichter zu erbauen und auch besser in gutem Zustande zu erhalten, aber für die Vertheidigung war eine mit zahlreichen Thürmen versehene Mauer vorzuziehen.

Im Zuge dieser ältern Umfassungsmauer befinden sich zwei Thore: im Süden der als mächtiger Thurm ausgebaute Thorweg $F N$ (im Quadrat E 7) und im Westen das etwas kleinere Thor $F L$ (im Quadrat B 5). Von diesen war das erstere schon früher bekannt. Wir glaubten es der zweiten Periode der zweiten Stadt, also der Umfassungsmauer c zuschreiben zu müssen. Die genauere Untersuchung hat aber ergeben, dass es älter ist als diese Mauer. Man kann dies auf dem Plan schon daran erkennen, dass der Thorweg rechtwinkelig zu der Mauer d gerichtet ist, während er die Mauer c unter spitzem Winkel schneidet. Das zweite Thor ($F L$) ist erst jetzt zum Vorschein gekommen, als die westliche Burgmauer von aussen ganz freigelegt wurde. Es ist nur in den untern Steinschichten erhalten; in den obern Theilen, welche früher allein ausgegraben waren,

ging die spätere Burgmauer über das Thor hinweg. Beide
Thore, obwohl von verschiedenen Abmessungen, haben dieselbe
Gestalt und unterscheiden sich wesentlich von den Thoren der
spätern Perioden.

Während nämlich bei diesen das Thor am obern Rande
des Burghügels liegt und eine Rampe oder ein treppenförmiger
Weg zu demselben hinaufführt, liegen die ältern Thore am
Fusse des Burghügels, sind mit einem mächtigen Thurme überbaut und der Thorweg führt erst im Innern der Burg allmählich zum Burgplateau hinauf (vgl. die Höhenzahlen in dem
Thorwege FN). Diese langen Thorwege sind auch beträchtlich
schmäler als die spätern Thorgebäude; sie sind 3,40 resp. 2,60 m
breit, während die letztern eine Breite von 7,30 resp. 5,20 m
haben. In der jüngern Periode hat man also die Thorbreite
etwa verdoppelt.

Der gewaltige Thurm von 18 m Breite und über 20 m
Tiefe, welcher das grössere Südthor FN enthält, war ursprünglich, wie eingehende Untersuchungen gezeigt haben, beträchtlich kleiner, und ist erst später, wahrscheinlich noch während
der ersten Periode der zweiten Schicht bedeutend verstärkt worden. An der westlichen Mauer kann man sogar eine zweimalige
Verbreiterung constatiren. Eine genaue Beschreibung dieser
Veränderung kann erst im nächsten Jahre gegeben werden,
weil das südliche Ende des Thores noch nicht vollständig freigelegt ist.

Während die Burgmauer aus der ersten Periode zwischen
den beiden Thoren FL und FN vollkommen bekannt ist, sind
auf der andern Seite der Thore nur zwei kurze Ansätze derselben aufgefunden. Ueber ihren weitern Verlauf an der Nord-
und Ostseite der Burg wissen wir nichts. Bei Fortsetzung der
Grabungen darf man aber auf die Auffindung wenigstens ein-
zelner Stücke rechnen. Der jetzt nicht mehr vorhandene Obertheil dieser Umfassungsmauer und der Oberbau der beiden

Thore bestand jedenfalls aus Luftziegeln, denn nur so erklären sich die Massen rothgebrannter Lehmziegel, welche in den Thorwegen und an einigen Stellen auch vor der Burgmauer aufgefunden wurden.

Als die Mauer bei irgend einer Katastrophe theilweise zerstört und der übriggebliebene Theil mit Schutt bedeckt war, errichtete man weiter ausserhalb eine neue Burgmauer, welche auf dem Plane mit weiter Kreuzschraffur versehen ist; sie trägt den Buchstaben *c*. Zwischen den beiden vorher beschriebenen Thoren ist sie in voller Länge aufgedeckt und war an ihrer Aussenseite mit einem ganzen und zwei halben Thürmen versehen (*c a, c b* und *c d*). Nördlich vom Thore *F L* ist noch ein weiteres Stück mit dem grossen Thurme *c e* bekannt; die vollständige Gestalt des letztern liess sich leider nicht mehr feststellen. Es sind hier an dem westlichen Ende der Burg überhaupt mehrere Mauern vorhanden, deren Bedeutung und Datirung noch nicht mit Sicherheit ermittelt ist und welche daher vorläufig unerwähnt bleiben mögen. Die Frage, ob sich an dieser Stelle eine Mauer der Unterstadt an die Burg anschliesst, ist demnach noch nicht definitiv zu beantworten. Weiter nördlich im Quadrat *B* 4 ist nochmals ein kleines Stück der Mauer *c* aufgefunden, doch verschwindet dasselbe alsbald unter der höher liegenden jüngern Mauer. An der Nordseite ist nichts mehr von der Mauer dieser Periode zu sehen. Möglicherweise hat Herr Schliemann bei seinen frühern Grabungen am Nordabhange des Hügels ein grosses Stück derselben abgebrochen, doch hoffen wir bei neuen Tiefgrabungen noch Reste der untern Schichten aufzufinden.

Die im Nordosten (in *G* 3—*H* 4) liegende, stark geböschte Mauer, welche schon lange bekannt ist, kann möglicherweise dieser Periode angehören, doch lässt sich kein bestimmtes Urtheil darüber abgeben, bevor nicht ihr weiterer Verlauf festgestellt ist. Die ebenda befindliche, mit *B C* bezeichnete Mauer,

welche wir früher vermuthungsweise für die Mauer der Unterstadt in Anspruch nahmen, hat sich bei weiterer Freilegung als
Rampe, als Stützmauer eines Weges herausgestellt, dessen öst-
liches Ende aufgedeckt ist. Wie diese Rampe im Westen ver-
läuft und ob sich an ihrem obern Ende, wie man annehmen
darf, ein Thor befindet, ist noch nicht ermittelt, obwol wir
eifrig diese Frage zu lösen bestrebt waren. Es wird wahrscheinlich der ganze in $F3$ und $G3$ noch anstehende Erdklotz
abgetragen werden müssen, um diese Fragen zu lösen. Ueber
die Gestalt und Lage dieser zweiten Umfassungsmauer an der
Ostseite lässt sich auch nichts sagen, da die dort aufgedeckte
Mauer mit ihren zahlreichen Thürmen vermuthlich der dritten
Periode angehört.

Bald nach der Erbauung der Umfassungsmauer c sind wahrscheinlich die beiden ältern Thore in Fortfall gekommen und
dafür die beiden neuen Thore FO und FM erbaut worden.
Man ist zunächst zu der Annahme geneigt, dass dies gleichzeitig mit der Erbauung der Mauer c geschehen sei, doch ist
das kaum möglich, weil manches darauf hindeutet, dass man zunächst noch eine Zeit lang die alten Thore benutzte und erst
später die beiden neuen erbaute. Die beiden letztern liegen
symmetrisch neben den ältern, und zwar das grosse Hauptthor
FO östlich von dem frühern Hauptthore, und das kleinere Thor
FM ebenso weit östlich von dem ältern FL. Diese gleich-
mässige Anordnung lässt darauf schliessen, dass beide Thore zu
gleicher Zeit ersetzt worden sind.

Die zwei Thore FM und FO sind schon in dem Buche
„Troja" eingehend beschrieben worden; was noch Neues an ihnen
gefunden ist, kann erst später unter Beifügung von Detail-
plänen dargelegt werden. Hier mögen einige Andeutungen genügen. Während der zweiten Periode, als die mit weiter Kreuzschraffur versehene Burgmauer bestand, waren beide Thore von
starken Thürmen flankirt, deren Untertheile noch wohlerhalten

und auf dem Plane mit derselben weiten Schraffur versehen sind. Während das Südwest-Thor (*F M*) anfangs vermuthlich nur einen Verschluss hatte, scheint das Südost-Thor schon damals einen doppelten Verschluss gehabt zu haben.

Ausser diesen beiden Hauptthoren hatte man neben dem alten Westthore noch eine kleine Ausfallpforte (*F K*) erbaut, deren Ansicht nebenstehend in Fig. 2 abgebildet ist. Die Pforte

Fig. 2. Ausfallpforte in der Westmauer.

liegt am Fusse der hohen Mauer aus der zweiten Periode und ist auffallend gut erhalten, was nur ihrer frühen Verschüttung zugeschrieben werden kann. Sie war mit einem hölzernen Balken überdeckt und auch mit einem hölzernen Rahmen versehen; grosse Stücke dieser verbrannten Hölzer sassen noch an ihrer alten Stelle. Nach dem Brande der Balken ist ein Theil der Mauer eingestürzt. Durch das Pförtchen gelangte man auf einem

schmalen Wege zu dem grossen Thorwege *F L* und, als dieser
verschüttet war, vermuthlich auf einer Treppe zum obern Plateau.

Noch ein drittes Mal ist die Burgmauer der zweiten Schicht
fast vollständig umgebaut worden. Während man nordwestlich
vom Südwest-Thore den Untertheil der alten Mauer beibehielt
und nur den Obertheil des steinernen Unterbaues und den ganzen
aus Ziegeln bestehenden Oberbau erneuerte, erbaute man zwischen dem Südwest- und dem Südost-Thor eine ganz neue Mauer,
welche weiter nach Süden lag und so wiederum zur Erbreite-
rung des Burgplateaus beitrug. Die neue Mauer, welche auf
dem Plane (Taf. III) mit enger Kreuzschraffur bezeichnet ist
und den Buchstaben *b* trägt, hat im Aeussern keine Thürme,
ist aber im übrigen, ebenso wie die ältern Mauern, in ihrem
ganzen Unterbau mit einer starken Böschung angelegt. In
diesem Falle war die Böschung besonders nothwendig, weil die
Mauer aus noch kleinern Steinen bestand als die ältere Umfassungsmauer *c*.

Der aus Luftziegeln bestehende Oberbau scheint zuerst aus
keiner sehr dicken Mauer bestanden zu haben, sondern erhaltene
Fundamente weisen darauf hin, dass er als dünnere Mauer mit
nach innen gerichteten Strebepfeilern angelegt war. Diese
Strebepfeiler, welche auch bei andern antiken Luftziegelmauern
(z. B. in Olympia beim Heraion und dem in eine byzantinische
Kirche umgewandelten antiken Bau) vorkommen, sind durchschnittlich 1,20 m breit und springen um 1,60 m vor. Da die
angreifenden Krieger den hohen steinernen Unterbau der Mauer
höchstens mit Mühe erklimmen konnten und daher die Anwen-
dung irgendwelcher Maschinen zur Zerstörung der Ziegelmauer
ausgeschlossen war, brauchte die letztere keine so bedeutende
Stärke zu haben wie an denjenigen Stellen, wo sie bei niedrigem
Unterbau bequem erreichbar war. Trotzdem ist die Mauer
später durch eine bedeutend dickere und ohne Strebepfeiler con-
struirte Ziegelmauer ersetzt worden. Dieser Umbau ist auf

dem Plane durch eine einfache Schraffirung mit hinzugefügten Punkten kenntlich gemacht. An den Stellen, wo die obern Schuttmassen und die Luftziegel nicht schon bei frühern Ausgrabungen irrthümlich weggeschafft worden sind, sieht man noch jetzt Stücke der Ziegelmauer aufrecht stehen.

An der Ostseite der Burg ist bisher nur eine Festungsmauer gefunden und zwar diejenige, welche dieser letzten Periode der zweiten Schicht angehört. Die Mauern der beiden frühern Perioden werden bei weitern Grabungen vielleicht noch zum Vorschein kommen, sie müssen weiter westlich gesucht werden.

Da die Pergamos im Südosten mit dem nur wenig steilern Plateau der Unterstadt zusammenhing und nur durch eine Einsenkung von demselben getrennt war, bedurfte sie auf dieser Seite keiner geböschten hohen Stützmauer, sondern die senkrechte Mauer aus Luftziegeln erhielt nur einen bis zu 1 m hohen Unterbau aus Stein, welcher keine Böschung hatte und theils als Fundament unter, theils als Sockel über der Erde lag. Solche Festungsmauern aus Ziegeln mit einem niedrigen Unterbau aus Stein waren im ganzen Alterthum im Gebrauch, das zeigen uns unter anderm die noch wohlerhaltenen Luftziegelmauern von Eleusis und die wenigstens in einigen Resten erhaltenen Stadtmauern von Athen. Infolge des niedrigen Unterbaues der östlichen Burgmauer konnten die Angreifer den aus Luftziegeln errichteten Theil der Mauer bequem erreichen und eine Zerstörung desselben versuchen. Um dies zu verhindern, gab man der Mauer eine Stärke von fast 4 m (gegenüber 2,65 m bei der Mauer in Eleusis und 2,50 m bei der Themistokleischen Stadtmauer Athens), und stattete sie ausserdem mit mehreren Thürmen aus. Von letztern sind drei aufgedeckt und andere dürften noch unter der Erde liegen. Sie haben eine Breite von 3,20 m und springen etwa 2,25 m vor die Mauer vor. Nicht nur ihr steinerner Unterbau, sondern auch das aufgehende Mauerwerk aus Luftziegeln ist noch mehrere Meter hoch erhalten. An einigen

Stellen sieht man sogar noch den alten Bewurf, welcher ihre Aussenseite schützte. Der Abstand der Thürme beträgt nur etwa 9,60 m von Axe zu Axe und 6,40 m im Lichten, sodass eine wirkungsvolle Flankirung der Mauer trotz der einfachen Vertheidigungsmittel möglich war. Dass Thürme von ähnlichen Abmessungen und Abständen sogar bei Burgen des Mittelalters noch vorkommen, hat J. Durm (Centralblatt der Bauverwaltung, 1890, Nr. 40) an dem Beispiele der Burg Arques gezeigt. Der Zwischenraum zwischen den beiden Thürmen $b\,c$ und $b\,d$ ist in späterer Zeit, als die Ziegelmauer baufällig geworden war, mit einer Steinmauer ausgefüllt worden.

Im Nordosten ist die Burgmauer bei ältern Ausgrabungen zerstört worden, nur ihr steinerner Unterbau scheint in den Quadraten $G\,3$ und $H\,4$ noch erhalten zu sein. Dass die Steinmauer aber auch hier einen Oberbau aus Ziegeln getragen hat, geht aus der Thatsache hervor, dass weiter südlich, wo die obern Erdmassen noch anstehen, auch die Ziegelmauer noch etwa 2 m hoch, vollkommen roth verbrannt, vorhanden ist. Obwol der steinerne Unterbau noch nicht bis zum Fels aufgedeckt wurde, hat er hier schon eine Höhe von etwa 8 m. Die aus grossen Blöcken hergestellte Rampe $B\,C$, welche hier an der geböschten Burgmauer hinaufführte, ist schon oben (S. 12) besprochen worden.

An der ganzen Nordseite ist keine Spur der Burgmauer der dritten Periode mehr zu sehen. Wir konnten daher den Zug derselben nur mit punktirten Linien angeben. Sie musste etwas weiter nach Norden gezeichnet werden als auf Plan VII im Buche „Troja", weil sich die Bauten im Innern der Burg nördlich weiter ausdehnen als wir früher vermuthet hatten. Es ist zu wünschen, dass bei weitern Nachforschungen noch irgendwelche Reste dieser Mauer gefunden werden. Nur ein geringes Stück des Unterbaues würde schon ausreichen, die Linie einigermassen zu bestimmen.

Zwei Thore sind im Zuge der Burgmauer aus der dritten Periode bekannt, nämlich die oben (S. 46) schon erwähnten Bauten *F M* und *F O*. Beide hatten damals einen doppelten Verschluss und waren mit einer hintern Halle versehen. Zu dem kleinern Thore *F M* führte eine mit grossen Steinplatten gepflasterte Rampe hinauf, während man das Thor *F O* auf einem treppenförmigen Wege erreichte, von welchem mehrere Stufen in *G* 7 erhalten sind. Ursprünglich nur mit zwei Flankirungsthürmen versehen, wurde das letztere Thor später durch mehrere vorgebaute Mauern und Thürme verstärkt. Zugleich wurde auch die Thoröffnung, als zu breit, durch Einbauten verengt. Die erhaltenen Reste dieser Umbauten sind auf Plan III durch einfache Schraffirung und gleichzeitige Punktirung kenntlich gemacht.

Das über dem Südost-Thor auf Taf. III gezeichnete Gebäude *R P*, welches in der Zeichnung weiss geblieben ist, besteht aus den untersten Fundamenten eines römischen Thorgebäudes der Akropolis, welches im Buche „Troja" (S. 23) schon besprochen ist. Eine einzelne (nicht schraffirte) Mauer innerhalb dieses Propylon, ist der letzte Rest eines griechischen Thorgebäudes, welches ebenfalls an dieser Stelle hoch über dem alten Thore gestanden hat.

Neben den Festungsmauern und Thoren nehmen vor allen die grossen Gebäude im Innern der Pergamos unser Interesse in Anspruch. Auch bei ihnen müssen wir in der zweiten Schicht allein schon drei verschiedene Perioden unterscheiden, welche den drei Perioden der Stadtmauer im wesentlichen entsprechen. Bei Tiefgrabungen waren schon früher unterhalb des Fussbodens der zweiten Schicht einzelne ältere Mauern zu Tage getreten. Diese Grabungen sind in diesem Jahre systematisch mit mehr Erfolg fortgesetzt worden. Zahlreiche Mauern traten dabei zu Tage, deren Zusammenhang an vielen Stellen gut zu erkennen ist.

Die drei übereinander liegenden Bauanlagen sind auf dem Plane III ebenso wie die drei Burgmauern durch verschiedene Schraffirung gekennzeichnet; man kann daher die einzelnen Epochen unterscheiden und sich einigermassen ein Bild jeder Periode machen. In jeder der drei Perioden haben grosse Gebäudecomplexe auf der Burg gestanden, deren Grundrissbildungen sich mehr oder minder gleichen. Am besten sind die jüngsten Bauten erhalten, deren Mauern auf dem Plan mit dichter Kreuzschraffur versehen sind.

Dem Südost-Thor gegenüber liegt in $E 5$ ein kleines Thorgebäude C. Dasselbe führt zu einem innern Hofe, an welchem die wichtigsten Bauten der Burg angeordnet sind. Schon in dem Buche „Tiryns" (S. 254) habe ich auf die grosse Aehnlichkeit dieser ganzen Anlage mit dem Königshause in Tiryns hingewiesen, obwol damals das Gebäude C nur mit Wahrscheinlichkeit als Thor gedeutet werden konnte. Jetzt sind durch weitere Grabungen noch die zwei fehlenden Antensteine des Propylon zum Vorschein gekommen, und dadurch ist jene Deutung vollkommen gesichert. Dieses Propylon, dessen Grundriss nebenstehend unter Fig. 3 abgebildet ist, besteht aus dem eigentlichen Thor, dessen mächtige, aus einem Stein bestehende Schwelle noch erhalten ist, einer mit zwei Anten geschmückten Vorhalle und einer etwas weniger tiefen Hinterhalle. Sehen wir von den hier noch fehlenden freistehenden Säulen ab, so haben wir in diesem Thorgebäude schon das Vorbild der grossartigen Propyläen auf der Akropolis von Athen.

An das Thorgebäude schliessen sich rechts und links die Umfassungsmauern des Innenhofes an, und zwar nach Nordost zwei Mauern, welche aus verschiedenen Perioden stammen. Diese Mauern sind mit Strebepfeilern besetzt, welche vermuthlich ein weit vortretendes Dach getragen haben. Der Hof war also wahrscheinlich, in ähnlicher Weise wie in Tiryns, mit Hallen umgeben. Nebenbei mag hier daran erinnert werden, dass solche

Strebepfeiler als Stütze eines Daches und als Vorläufer einer
Säulenstellung bereits aus dem Heraion in Olympia bekannt
sind. Die Ausdehnung des Hofes lässt sich leider nicht genau
feststellen, seine Länge scheint etwa 27 m betragen zu haben,
während seine Tiefe an der schmalsten Stelle etwa 10 m misst.

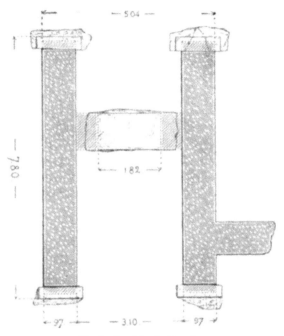

Fig. 3. Grundriss des Propylon.

Die dem Thor gegenüberliegenden Gebäude A und B sind
schon im Jahre 1882 gefunden und im Buche „Troja" beschrieben
worden. Einige Verbesserungen und Ergänzungen dieser Beschreibung mögen für später aufbewahrt bleiben. Es wird dann
namentlich auch die Construction der mit Holzbalken durch-
setzten Luftziegelmauern eingehend erörtert werden. Hier will
ich nur darauf hinweisen, dass beide Bauten keine Tempel

waren, sondern dass sie, wie zuerst im Buche „Tiryns" S. 254 vorgeschlagen ist, für Wohngebäude und zwar der Bau *A* für den Hauptsaal (Megaron) des Herrschersitzes erklärt werden dürfen.

Wie rechts neben *A* das schmalere Gebäude *B* liegt, so scheint links, ebenfalls parallel, ein fast gleiches Gebäude *E* vorhanden gewesen zu sein, von welchem nur noch der nordöstlichste Theil erhalten ist. Der grösste Theil dieses Gebäudes ist zugleich mit der einen Hälfte des Megaron *A* bei Anlage des grossen Nord-Süd-Grabens im Jahre 1872 zerstört worden. Der erhaltene Rest zeigt, dass dieser Bau wahrscheinlich ebenso breit war wie *B*, und dass er nach hinten mit einer Halle (einem Opisthodom) abgeschlossen war. Da eine ähnliche Hinterhalle auch bei dem Gebäude *F* im Quadrat *D* 6 vorkommt, so dürfen wir mit einiger Wahrscheinlichkeit auch an den zerstörten Enden von *A* und *B* solche Hallen ergänzen. Wieweit sich das Gebäude *E* nach Südosten ausgedehnt hat, lässt sich leider nicht mehr ermitteln. Auf dem Plane habe ich es symmetrisch mit dem Gebäude *B* aufhören lassen, doch betone ich ausdrücklich, dass diese Reconstruktion nicht gesichert ist.

Südwestlich von dem Gebäude *E* lag während der dritten Periode ein grösseres Gebäude *D*, welches aus mehreren neben- und hintereinander liegenden Räumen bestand. Da fast nur Fundamente, aber keine aufgehenden Mauern erhalten sind, kann die Lage der Thüren und damit die Disposition des Grundrisses nicht ermittelt werden. Die Hauptfront sah wahrscheinlich nach Südosten, war also nach dem kleinen, vor dem Südwest-Thore (*F M*) gelegenen Platze gerichtet.

An den Bau *B* schliessen sich nach Nordosten mehrere Gebäude an, welche aus einem Saale mit einer Vorhalle bestehen, also den gewöhnlichen Tempel-Grundriss haben. Am besten erhalten sind die Grundmauern des Gebäudes *K* (in *F* 3 und *F* 4), dessen Thür noch deutliche Reste einer verbrannten

Holzschwelle zeigt. Ein anderes in den Maassen etwas grösseres Gebäude *H* (in *E* 4) ist einmal umgebaut worden, was auf dem Plane durch eine andere Schraffur angedeutet ist.

Seltsam sind die grossen Fundamente *M* und *N*, welche weiter östlich in den Quadraten *G* 3 bis *G* 5 aufgedeckt sind. Während von *N* nur die aus Bruchsteinmauerwerk bestehenden starken Fundamente mit schmalen corridorähnlichen Zwischenräumen erhalten sind, sehen wir bei *M* auch die Obermauern theilweise noch etwa 1 m hoch aufrecht stehen. Die letzteren bestehen aus Luftziegeln, welche nur an einer Seite des Gebäudes roth gebrannt, im übrigen aber roh geblieben sind. Diese Erscheinung, welche nicht recht zu passen scheint zu der grossen Feuersbrunst, deren Spuren man an den übrigen Gebäuden der dritten Periode und selbst an den Burgmauern findet, erklärt sich in einfacher Weise dadurch, dass jene Ziegelmauern keine Holzbalken enthalten und daher nur in ihrem Dachwerk und in den etwa vorhandenen Thüren dem Feuer Nahrung boten.

Die beiden Gebäude sind jetzt durch einen etwa 2,50 m breiten Graben in zwei Theile getheilt. Dieser merkwürdige Graben, auf Tafel III mit dem Buchstaben *P* bezeichnet, kann frühestens aus makedonischer Zeit stammen, denn er ist von oben herab durch alle Erdschichten und älteren Gebäude hindurchgeschnitten worden. Einige Meter hoch ist er mit feinem Flusssand angefüllt, dem man deutlich ansieht, dass er vermittelst Wassers eingeschwemmt ist. Wir dürfen vermuthen, dass hier in makedonischer oder römischer Zeit ein Gebäude stand, welches in einer noch heute zuweilen üblichen Weise mit Sand fundamentirt war. Die Abmessungen desselben betragen annähernd 35 m in der Länge und 16 m in der Breite und würden mithin für einen Tempel sehr gut passen. So ist z. B. der von Lysimachos erbaute Athenatempel, dessen Stelle noch nicht bekannt ist, nach Ausweis der erhaltenen Triglyphen und Metopen etwa 16 m breit gewesen. Er kann also sehr wohl auf dem Sandfundament gestanden haben. Ueber dem Sande sind an keiner Stelle Quadern erhalten, doch ist anzunehmen, dass dieselben im Mittelalter sämmtlich entfernt worden sind, um zu andern Bauten verwendet zu werden.

Vor der Anlage des Sandgrabens haben die beiden Gebäude *M* und *N* einen zusammenhängenden Mauerzug gebildet, dessen Bestimmung uns leider bisher nicht gelungen ist. Man möchte an eine Burgmauer und speciell bei *N* an ein Thorgebäude denken, wenn nicht im Aeussern die Burgmauer der dritten Periode erhalten wäre. Vielleicht haben wir es mit einer Burgmauer aus einer ältern Periode oder mit einer mächtigen Verstärkung der Burgmauer zu thun. Weitere Ausgrabungen in dem Quadrate *S* 3 werden diese Frage vielleicht lösen.

Die bisher beschriebenen Bauwerke der dritten Periode zeichnen sich meistens durch das Vorhandensein von Parastaden-Steinen aus, welche Stirnpfeiler aus Holz getragen haben. Diese Steine, welche im Buche „Troja" S. 87 abgebildet sind, kommen nur bei den Bauten dieser Periode vor; weder die Gebäude aus den ältern Perioden der zweiten Schicht, noch die Bauten der obern Schichten sind mit solchen Parastaden-Steinen ausgestattet. Ebenso ist das ehemalige Vorhandensein hölzerner Stirnpfeiler nur für diese Bauten aus der letzten Periode der zweiten Schicht constatirt.

Ueber die ältern Bauten der zweiten Schicht mögen einige Worte genügen. Dieselben sind naturgemäss weniger genau bekannt als die Bauten der dritten Periode, weil sie vielfach unter den letztern verdeckt liegen und daher nur da untersucht werden konnten, wo die jüngern Bauten eine Tiefgrabung gestatteten. Sie sind auf Plan III mit einer weiten Kreuzschraffur (für die zweite Periode) und mit Punktirung (für die erste Periode) gekennzeichnet.

Aus der zweiten Periode haben wir im westlichen Theile der Burg ein grosses Gebäude, welches schon über das alte

Westthor (*FL*) weggebaut ist, während es andererseits bei Erbauung des jetzigen Südwest-Thores (*FM*) schon zerstört war.
Das Südwest-Thor muss daher während des Bestehens dieses
Gebäudes eine andere einfachere Gestalt gehabt haben (vgl. oben
S. 47). Man erkennt von jenem Gebäude mehrere neben- und
hintereinander liegende grosse Räume. Seine Grundrissbildung
stimmt also mit derjenigen des jüngern Gebäudes *D* überein.
Auch in der östlichen Hälfte der Burg sind mehrere Mauern
aus dieser Zeit erhalten. Hier haben wir aber ausserdem noch
ältere Mauern aus der ersten Periode, welche von jenen überbaut sind. Die Grundrisse dieser Gebäude weisen in beiden
Perioden Aehnlichkeiten mit dem Megaron *A* und *B* auf; so
scheint z. B. der Bau *R* in *F*3 ebenfalls ein Megaron gewesen
zu sein.

3. Die obern Schichten.

Als die grossen Bauwerke der zweiten Schicht zerstört und
verbrannt waren, wurden über den Ruinen zahlreiche kleine
Häuser erbaut, welche auf unserm Plan III nicht gezeichnet
sind. Nur das grösste derselben, das früher als Haus des Stadt-
hauptes bezeichnete Gebäude in *C*5 und einzelne der spätern
Mauern in *F*4 und *F*5 sind auf dem Plane ohne jede Schraffur
angegeben. Einen Plan der übrigen Häuser, soweit ich sie selbst
noch gesehen habe, werde ich später veröffentlichen. Man scheint
während des Bestehens dieser ärmlichen Ansiedelung die Reste
der Burgmauer der zweiten Schicht reparirt und noch als Ver-
theidigungsmauer benutzt zu haben. Wahrscheinlich gehören
auch einige der spätern Vorbauten am Südost-Thore (*FO*) in
diese Zeit.

Dass auch diese sämmtlichen Häuser untergingen und mehr-
mals von andern überbaut wurden, ist schon früher von Herrn
Dr. Schliemann in den Büchern „Ilios" und „Troja" dargelegt wor-

58

den. Wir haben jetzt die Aufeinanderfolge zahlreicher Schichten nochmals aufs genaueste constatirt durch die Ausgrabung eines grossen, vor dem Südwest-Thore liegenden Complexes, welcher später in die Burg eingeschlossen war. Die Häuser der einzelnen Schichten habe ich an dieser Stelle sorgfältig untersucht, gezeichnet und photographirt. Die in den verschiedenen Schichten gefundenen zahlreichen Vasenscherben hat Herr Dr. A. Brueckner, welcher den Ausgrabungen mehrere Wochen lang beiwohnte, gewissenhaft gesammelt und zusammengestellt. Indem ich mir eine eingehende Beschreibung vorbehalte, füge ich dem kurzen Berichte des Herrn Dr. Schliemann (oben S. 14) noch einige die Bauwerke betreffende Sätze hinzu.

Ueber dem Boden der zweiten Schicht, welcher durch die grosse Rampe vor dem Südwest-Thore untrüglich gegeben ist, fanden wir noch sieben weitere Ansiedelungen, welche im Laufe der Jahrhunderte hier übereinander gegründet worden sind. Die oberste derselben enthält römische Gebäude von verschiedener Gestalt, theils Wohnhäuser, theils grössere Bauanlagen. In der zweiten und dritten Schicht von oben kommen Häuser vor, deren Mauern zum Theil in griechischer polygonaler Bauweise errichtet waren. Am wichtigsten war die vierte Schicht von oben, in welcher mehrere aus grossen Steinblöcken errichtete Gebäude vorkamen (vgl. oben S. 19). Eines dieser Bauwerke, dessen Grundriss wir einigermassen kennen, obwol er noch nicht ganz ausgegraben ist, gleicht dem einfachen griechischen Tempel oder auch dem Megaron der Herrschersitze. Die nebenstehende Abbildung (Fig. 4) zeigt den Grundriss desselben. An eine 9,10 m breite und 4,23 m tiefe Vorhalle schliesst sich ein ebenso breiter und 11,55 m langer Saal an, welcher möglicherweise durch zwei Reihen von Innensäulen in drei Schiffe getheilt war. Es hat sich nämlich der Rest eines Fundamentes gefunden, welches vielleicht den Stylobat einer innern Säulenreihe gebildet hat; doch ist diese Vermuthung durchaus unsicher. Ob in diesem

Bau ein Tempel oder ein Wohnhaus vorliegt, ist unbekannt und wird auch wol kaum festgestellt werden können.

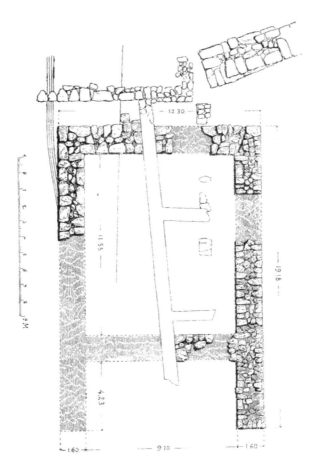

Fig. 4. Grundriss eines Tempels oder Megaron.

Gleichwol ist das Gebäude für die trojanischen Alterthümer von sehr grosser Bedeutung, denn innerhalb desselben und in der zugehörigen Schuttschicht sind mehrere mykenische Vasen und Vasenscherben gefunden worden, welche oben S. 18 besprochen sind.

Durch diese Thatsache ist nicht nur diese Schicht selbst einigermassen datirt, sondern wir dürfen weiter den sichern Schluss ziehen, dass die zweite Schicht von unten, deren Burgplan wir oben besprochen haben, älter sein muss als diese Schicht mit den mykenischen Gefässen. Wie gross der Altersunterschied ist, lässt sich allerdings nicht bestimmen, jedoch kann er nicht sehr klein gewesen sein, denn zwischen jenen beiden Schichten liegen noch drei Schichten ärmlicher Ansiedelungen.

Ueber diese relative Datirung kommen wir leider nicht hinaus, weil sich für das Vorkommen der mykenischen Vasen und speciell der Bügelkannen bis jetzt keine untere Zeitgrenze angeben lässt. Zwar scheint die Bügelkannne schon im 14. Jahrhundert vor Christo vorzukommen (vgl. oben S. 18); ob man aber nicht in viel späterer Zeit, z. B. noch im 9. und 8. Jahrhundert, eben solche Bügelkannen gehabt und eventuell nach Troja importirt haben kann, muss vorläufig ungewiss bleiben.

Zum Schlusse sei noch erwähnt, dass das kleine theaterähnliche Gebäude, welches im Südosten der römischen Akropolis gefunden wurde (vgl. oben S. 15), im nächsten Jahre mit den übrigen römischen und griechischen Gebäuden näher beschrieben werden soll. Die Ausgrabung desselben konnte in diesem Jahre noch nicht ganz vollendet werden.

ATHEN, 24. December 1890.

Dr. Wilhelm Dörpfeld.

Druck von F. A. Brockhaus in Leipzig.

1.

2.

3.

4.

8.

5.

6.

7.

II.

9.

10.

16.

17.

11.

14.

13.

12.

15.

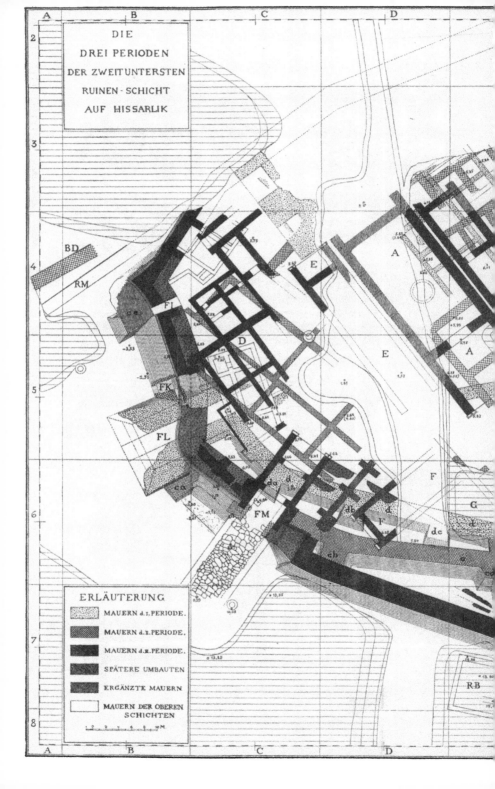

DIE
DREI PERIODEN
DER ZWEITUNTERSTEN
RUINEN-SCHICHT
AUF HISSARLIK

ERLÄUTERUNG

MAUERN d. 1. PERIODE.

MAUERN d. 2. PERIODE.

MAUERN d. 3. PERIODE.

SPÄTERE UMBAUTEN

ERGÄNZTE MAUERN

MAUERN DER OBEREN
SCHICHTEN

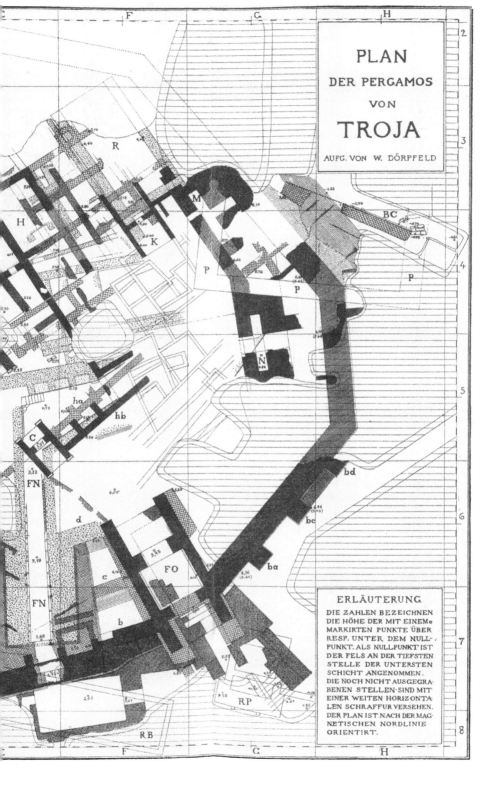

PLAN

DER PERGAMOS

VON

TROJA

AUFG. VON W. DÖRPFELD

ERLÄUTERUNG

DIE ZAHLEN BEZEICHNEN
DIE HÖHE DER MIT EINEM ⊙
MARKIRTEN PUNKTE ÜBER
RESP. UNTER DEM NULL-
PUNKT. ALS NULLPUNKT IST
DER FELS AN DER TIEFSTEN
STELLE DER UNTERSTEN
SCHICHT ANGENOMMEN.
DIE NOCH NICHT AUSGEGRA-
BENEN STELLEN SIND MIT
EINER WEITEN HORIZONTA-
LEN SCHRAFFUR VERSEHEN.
DER PLAN IST NACH DER MAG-
NETISCHEN NORDLINIE
ORIENTIRT.

For EU product safety concerns, contact us at Calle de José Abascal, 56–1°,
28003 Madrid, Spain or eugpsr@cambridge.org.

www.ingramcontent.com/pod-product-compliance
Ingram Content Group UK Ltd.
Pitfield, Milton Keynes, MK11 3LW, UK
UKHW012336130625
459647UK00009B/313